VIVRE
APRÈS AVOIR
SURVÉCU

Édition: Pascale Mongeon
Infographie: Johanne Lemay
Révision: Patricia Juste
Correction: Odile Dallaserra et Brigitte Lépine

Catalogage avant publication de Bibliothèque et Archives nationales du Québec et Bibliothèque et Archives Canada

Parent, Geneviève

Vivre après avoir survécu : reprendre le contrôle de sa vie après une agression sexuelle

Comprend des références bibliographiques.

ISBN 978-2-7619-4608-7

1. Victimes d'abus sexuels - Psychologie. I. Titre.

RC560.S44P37 2018 616.85'83 C2017-942283-9

01-18

Imprimé au Canada

Dépôt légal: 2018
Bibliothèque et Archives nationales du Québec
ISBN 978-2-7619-4608-7

DISTRIBUTEURS EXCLUSIFS:
Pour le Canada et les États-Unis:
MESSAGERIES ADP inc.*
Téléphone : 450-640-1237
Internet: www.messageries-adp.com
* filiale du Groupe Sogides inc.,
filiale de Québecor inc.

Pour la France et les autres pays:
INTERFORUM editis
Téléphone : 33 (0) 1 49 59 11 56/91
Service commandes France Métropolitaine
Téléphone : 33 (0) 2 38 32 71 00
Internet: www.interforum.fr
Service commandes Export – DOM-TOM
Internet: www.interforum.fr
Courriel: cdes-export@interforum.fr

Pour la Suisse:
INTERFORUM editis SUISSE
Téléphone : 41 (0) 26 460 80 60
Internet: www.interforumsuisse.ch
Courriel: office@interforumsuisse.ch
Distributeur: OLF S.A.
Commandes:
Téléphone : 41 (0) 26 467 53 33
Internet: www.olf.ch
Courriel: information@olf.ch

Pour la Belgique et le Luxembourg:
INTERFORUM BENELUX S.A.
Téléphone : 32 (0) 10 42 03 20
Internet: www.interforum.be
Courriel: info@interforum.be

Gouvernement du Québec – Programme de crédit d'impôt pour l'édition de livres – Gestion SODEC – www.sodec.gouv.qc.ca

L'Éditeur bénéficie du soutien de la Société de développement des entreprises culturelles du Québec pour son programme d'édition.

Le Conseil des Arts du Canada
The Canada Council for the Arts

Nous remercions le Conseil des Arts du Canada de l'aide accordée à notre programme de publication.

Financé par le gouvernement du Canada
Funded by the Government of Canada
Canada

Nous reconnaissons l'aide financière du gouvernement du Canada par l'entremise du Fonds du livre du Canada pour nos activités d'édition.

Geneviève Parent

VIVRE APRÈS AVOIR SURVÉCU

Reprendre sa vie
en main après
une agression sexuelle

LES ÉDITIONS DE L'HOMME
Une société de Québecor Média

Avant-propos

Cet ouvrage est un projet que je caresse depuis longtemps. Il y a quelques années, j'ai fait part à mon éditrice de mon souhait d'écrire un livre qui viendrait en aide aux victimes d'agression sexuelle; un guide d'accompagnement pour mettre des mots sur leur vécu douloureux. Il faut dire que cette clientèle a été la première à laquelle je me suis intéressée durant mes études en sexologie. Pendant ma dernière année de baccalauréat, j'ai choisi de faire mon stage d'un an dans un organisme communautaire venant en aide aux femmes victimes d'agression sexuelle. Les survivantes que j'ai rencontrées m'ont beaucoup touchée par leur courage, leur détermination, mais aussi leur grande vulnérabilité. En poursuivant mes études au niveau de la maîtrise, j'ai mis sur pied un projet d'intervention auprès des hommes victimes d'abus sexuel pendant l'enfance. Les recherches en parlaient peu et les services offerts au Québec me semblaient quasi inexistants. Forte de mon intérêt pour les problématiques de couple, j'ai donc animé des groupes d'intervention s'adressant aux partenaires de ces hommes qui avaient été victimisés dans le passé, ainsi que des groupes d'hommes victimes. Les hommes rencontrés m'ont fait voir une autre facette de la victimisation. Leur souffrance s'exprimait parfois avec encore plus de colère que celle des femmes, mais, derrière ce bouclier qu'ils brandissaient en guise de protection, j'ai vu des hommes blessés, meurtris à l'intérieur. Par la suite, voulant partager mes connaissances, j'ai donné un cours de victimisation sexuelle aux étudiants universitaires.

Dans ma pratique auprès des victimes d'agression sexuelle, plusieurs me demandaient de leur recommander des lectures et je devais admettre qu'il y en avait peu en langue française qui auraient pu les aider dans leur cheminement. C'est ainsi que l'idée de ce livre a commencé à germer dans mon esprit. Il s'adresse par conséquent aux personnes ayant vécu une agression à caractère sexuel et désirant s'affranchir de ses séquelles. Dans le milieu de l'intervention, on utilise d'ailleurs beaucoup le terme « survivant ». Bien que je comprenne qu'il réfère au fait de passer au travers d'une épreuve douloureuse, il a toujours suscité un certain questionnement chez moi. Survivre est-il suffisant ? Il me semble que, dans la survie, il y a une focalisation sur le fait d'être toujours en vie, et donc de mettre toute notre énergie sur l'essentiel, le fait d'être toujours là. Lorsque je travaille avec des personnes ayant été victimes d'agression sexuelle, je souhaite plus que cela pour elles. Je les souhaite « vivantes » dans leur corps, dans leur tête et dans leur cœur. Je tiens à ce qu'elles « vivent » à nouveau, en embrassant la vie à bras ouverts. Bien sûr, tout cela est un processus long et difficile, mais je dois dire que les nombreuses années passées à travailler auprès de cette clientèle m'ont démontré que c'est possible. Je suis d'ailleurs toujours aussi émue, après tant d'années, lorsque je termine un suivi avec un patient ayant subi ce type de traumatisme. Je suis à même d'apprécier tout le chemin parcouru et je peux alors lui dire en lui serrant la main pour la dernière fois : « Bravo d'avoir décidé de vivre à nouveau ! »

Geneviève Parent,
sexologue et psychothérapeute

Introduction

Les agressions sexuelles font beaucoup de victimes, trop de victimes. Si vous tenez ce livre entre les mains, c'est que malheureusement vous faites partie de ces personnes dont la vie a été chamboulée par une agression sexuelle. La souffrance est grande et les séquelles qui en découlent sont nombreuses, pour vous et probablement pour les personnes qui vous entourent. Elles peuvent être de nature physique, psychologique, émotionnelle, affective, sociale, relationnelle ou sexuelle.

J'ai écrit cet ouvrage en pensant à vous, à votre souffrance, mais aussi à l'aide que je pouvais vous offrir. J'ai donc décidé de le diviser en chapitres présentant les principales conséquences des agressions sexuelles. Chaque chapitre comporte une description de la séquelle et des façons dont elle s'exprime et se manifeste. Des exemples types et des questions parmi les plus fréquentes vous permettront de vous y reconnaître.

Cependant, je n'ai pas voulu me borner à énumérer des séquelles. J'ai voulu vous apporter du réconfort et du soutien pour vous aider à vous en sortir. Le mot « victime » vous colle peut-être à la peau depuis fort longtemps, mais je souhaite vous amener à voir que vous êtes beaucoup plus que cela. Vous avez survécu à l'agression et vous pouvez maintenant faire un pas de plus pour reprendre votre vie en main. C'est ainsi qu'à chaque chapitre, vous trouverez une section appelée « Un pas en avant » qui renferme des conseils plus spécifiques, des réflexions et des exercices. Quant à la section « L'écriture qui guérit », elle vous invite à mettre sur papier vos pensées et vos émotions, à faire des liens avec vos expériences de vie et, surtout, à faire des prises de conscience qui vous propulseront vers l'avant.

Je vous suggère de regrouper ces exercices d'écriture dans un cahier, que vous consacrerez exclusivement à ce cheminement. Vous pourrez aussi garder des pages pour écrire librement, ce que j'aime appeler « écrire pour se dire ». C'est comme un rendez-vous avec vous-même. Je vous conseille même d'en faire un rendez-vous quotidien. Mais quoi écrire ? Vous pouvez commencer par simplement écrire ce qui vous passe par la tête, tous les jours, pour vous décharger du quotidien. Une fois que vous en aurez pris l'habitude, vous verrez comme c'est bénéfique. Cela vous permettra de dégager de l'espace dans votre esprit afin de profiter pleinement de votre journée.

Écrire vous donne la possibilité de vous connecter avec votre moi profond. C'est un peu comme donner la parole à votre âme. Elle vous en remerciera en étant plus légère. J'ai remarqué également, au fil des thérapies avec des victimes d'agression sexuelle, que l'écriture permet d'apprécier le chemin parcouru. En se relisant, ces personnes comprennent l'ampleur de la démarche qu'elles ont entreprise et sont surprises, voire heureuses, des changements qui se sont opérés en elles et autour d'elles. Lorsque vous écrivez, assurez-vous de n'être dérangé par personne et, surtout, prévoyez suffisamment de temps pour ne pas devoir interrompre abruptement ce rendez-vous avec vous-même. Il est précieux.

Ce livre n'a pas besoin d'être lu d'une couverture à l'autre. Les chapitres ont été écrits de manière indépendante, si bien que la lecture d'un chapitre n'est pas forcément un préalable à la lecture du chapitre suivant. Sentez-vous donc tout à fait libre de lire directement les chapitres qui vous interpellent davantage, quitte à revenir aux autres ultérieurement.

Je souhaite que vous empruntiez le chemin du rétablissement à travers cette lecture et qu'à la fin, vous ayez envie de vivre votre vie à part entière, en sachant que vous avez d'abord été une victime, puis un survivant, pour ensuite vivre davantage votre vie. Vous verrez que les agressions subies ont été une partie de votre vie jusqu'ici, mais que l'avenir vous appartient. Je souhaite de tout cœur que cet ouvrage puisse vous faire entrevoir cet avenir sous un meilleur jour. Bonne lecture !

Chapitre 1
Sortir du passé pour enfin vivre au présent

Des souvenirs, on en a tous. Certains sont agréables; d'autres, moins. De façon générale, on aime bien se rappeler nos bons souvenirs, alors qu'on cherche à oublier ceux qui nous sont pénibles. Plusieurs personnes avec lesquelles j'ai travaillé doivent composer avec les souvenirs de l'agression sexuelle qu'elles ont subie, même si elles tentent par tous les moyens de les oublier. Elles voient quelqu'un qui ressemble à l'agresseur dans la rue ou elles font des cauchemars qui les amènent à faire de l'insomnie. Ce sont des indices que le traumatisme est bien réel.

Un souvenir encore vif

Le souvenir d'une agression sexuelle varie d'une personne à l'autre. Certaines se rappellent tout; d'autres, certaines parties uniquement. Ces souvenirs sont douloureux et vous avez certainement peu de contrôle sur le moment auquel ils refont surface. Ils peuvent être déclenchés par quelque chose qui rappelle l'agression, mais aussi remonter tout simplement lorsque votre esprit est libre.

Julien avait plusieurs souvenirs qui émergeaient lorsqu'il écoutait distraitement la télévision le soir. Pendant la journée, il était si occupé par son métier d'entrepreneur qu'il n'avait ni le temps ni l'espace mental pour que ses souvenirs émergent.

Plusieurs victimes tentent ainsi de s'occuper l'esprit au maximum pour éviter que les souvenirs remontent. Or, si vous essayez tout le temps de les réprimer, ceux-ci risquent de s'entasser et de ressurgir au moment où vous ne vous y attendrez pas, par exemple dans votre sommeil.

Plusieurs victimes ont de la difficulté à s'endormir, car elles pensent à ce qui s'est produit, pleurent ou ragent.

Caroline avait commencé à prendre des somnifères, car elle mettait beaucoup de temps à s'endormir et son sommeil était plutôt léger. Elle sursautait au moindre bruit, comme lorsque le réfrigérateur se mettait en marche ou encore lorsqu'un voisin de palier arrivait chez lui.

D'autres personnes, quand elles réussissent à s'endormir, font des cauchemars au cours desquels elles affrontent leur agresseur ou, plus subtilement, un monstre, un adversaire qu'elles ne connaissent pas. Ces rêves peuvent être d'une violence inouïe et créer beaucoup de détresse. Les gens qui les font se réveillent en sursaut et, bien souvent, en sueur. Il faut cependant comprendre que les cauchemars, bien que désagréables, ont une fonction. Ils sont un exutoire pour votre inconscient qui exprime ainsi toute la souffrance de votre psychisme. C'est une forme de représentation de la souffrance que vous avez intégrée en vous pendant l'agression sexuelle et par la suite.

Durant la journée peuvent survenir des flashbacks. Ceux-ci sont des souvenirs si réels qu'ils donnent l'impression que l'agression se passe ici et maintenant. Cette impression est souvent suscitée par un des cinq sens. Vous croisez un individu sur le trottoir et, en le regardant, vous voyez votre agresseur. Quelqu'un parle et sa voix a les mêmes intonations que celle de votre agresseur; ses paroles vous rappellent celles que vous avez entendues au moment de l'agression. Vous sentez une odeur de transpiration et ça vous fait penser à votre agresseur. Votre partenaire vous entoure la taille de ses bras par-derrière et vous croyez reconnaître les bras de votre agresseur qui vous agrippent. Vous avez un arrière-goût dans la bouche qui provoque un haut-le-cœur semblable à celui que vous avez alors eu lors de l'agression. Le sens qui est éveillé vous ramène, comme un tourbillon, dans le passé et vous perdez momentanément contact avec la réalité.

Sophie détestait les journées chaudes. Les odeurs de vidange dans les rues lui rappelaient la ruelle dans laquelle avait eu lieu l'agression sexuelle qu'elle avait subie.

Lorsque ces souvenirs remontent, vous avez l'impression de perdre le contrôle. C'est d'autant plus difficile si le contrôle est quelque chose d'important pour vous. Les émotions qui vous submergent ressemblent beaucoup à celles que vous ressentiez lors de l'agression sexuelle: peur, impuissance, tristesse, dégoût, colère, etc. Les flashbacks sont une des séquelles les plus répandues à la suite de l'agression sexuelle.

Les flashbacks sont bien désagréables et il vous est certainement arrivé d'éviter ce qui les déclenche: les personnes, les lieux, les contextes, les objets, bref, tout ce qui vous rappelle l'agression sexuelle. Cet évitement peut, à court terme, vous sembler la meilleure solution et, pourtant, il vous amène à vous isoler de plus en plus. Certes, je ne suis pas en train de vous suggérer de continuer à voir l'agresseur! Je crois qu'il y a certaines personnes ou certains contextes qu'il vaut mieux éviter afin de vous protéger, mais qu'un évitement trop fréquent ou qui s'élargit à trop de personnes ou de contextes est à reconsidérer. Car, au bout du compte, c'est vous qui devenez isolé et non votre agresseur.

Le poids de l'oubli

Comme il n'est pas facile de vivre avec ses souvenirs, il est possible que vous en ayez oublié une partie. Ce n'est pas un choix, mais plutôt un mécanisme de protection. Il aurait été trop douloureux pour vous de vous rappeler les détails de ce que vous avez vécu et les souffrances qui y sont rattachées. Avoir réprimé ainsi vos souvenirs, de manière inconsciente, sans en avoir fait délibérément le choix, vous permet de mieux vivre au quotidien, sans être en contact avec une trop grande souffrance. Par contre, ce n'est pas parce que les souvenirs sont réprimés qu'ils n'ont pas d'impact sur votre vie. Votre inconscient, lui, se souvient... Les souvenirs enfouis vous reviendront habituellement par bribes, et souvent à cause d'un élément déclencheur. Ils referont surface quand vous serez prêt à y faire face.

Joanie consultait un psychothérapeute depuis un bon moment déjà au sujet de ces rêves répétitifs où elle se faisait agresser sexuellement, sans jamais voir le visage de son agresseur. Il devenait de plus en plus clair pour elle qu'elle était très jeune au moment des agressions et elle appréhendait de connaître l'identité de son agresseur. Puis, au moment où elle s'y attendait le moins, c'est le visage de son père qui s'est imposé. Elle lui a demandé des explications et il a reconnu sa culpabilité. Joanie n'était pas soulagée, mais son cheminement personnel était bien avancé.

? *Je pensais me faire hypnotiser pour retrouver tous mes souvenirs d'agression sexuelle. Qu'en pensez-vous ?*

Beaucoup de victimes se posent cette question. Elles sont curieuses de savoir, mais elles ont peur en même temps de ce qu'elles pourraient découvrir. Certaines souhaitent surtout se rassurer et avoir des réponses à leurs questions. Elles croient qu'elles se sentiraient mieux si elles savaient plutôt que de rester dans l'ignorance. En fait, si vous ne vous rappelez pas tout, c'est que votre cerveau vous protège d'une réalité à laquelle vous n'êtes pas prêt à faire face, qu'il s'agisse de l'identité de votre agresseur, des gestes posés, de l'âge que vous aviez, du contexte de l'agression sexuelle, des autres personnes qui pourraient savoir, etc. En faisant une psychothérapie, vous ferez face à votre rythme à vos souvenirs et aux souffrances qui y sont associées. Il n'est pas rare que des souvenirs fassent surface pendant une psychothérapie, car la personne est alors mieux préparée à les affronter. Se faire hypnotiser dans le seul but de retrouver des souvenirs enfouis pourrait être très déstabilisant. N'oubliez pas que votre cerveau a agi de la sorte pour vous protéger et, là, vous cherchez à enlever cette barrière de protection sans y être préparé. Soyez patient avec vous-même et rappelez-vous que ne pas vous souvenir de tout n'entrave pas votre guérison. Si vous souhaitez quand même avoir recours à l'hypnose, choisissez un professionnel apte à faire de la psychothérapie et spécialisé en victimologie, afin qu'il puisse vous accompagner dans un travail thérapeutique des souvenirs qui auront émergé.

Même si plusieurs aimeraient se rappeler, d'autres font plutôt le choix d'oublier. Si c'est votre cas, il est fort probable que l'agression sexuelle devenait si lourde à porter que vous avez préféré la mettre de côté plutôt que l'affronter. Il existe plusieurs façons de chercher à oublier. Quand vous vous investissez à fond dans quelque chose au détriment du reste de votre vie, cela peut être une façon d'oublier. Quand vous vous investissez à fond dans une relation au point de vous mettre de côté, c'est une façon de vous oublier. Quand vous minimisez les gestes sexuels qu'on a commis envers vous, c'est votre souffrance que vous minimisez. Quand vous consommez de la drogue, c'est une façon de « geler » vos pensées et vos émotions. Mais, vous le savez avec l'expérience, elles finissent toujours par « dégeler ».

Peu importe les efforts que vous faites pour oublier, l'effet n'est que temporaire. À court terme, cela peut sembler une bonne stratégie, car, en n'étant pas en contact avec vos souvenirs, ni, par conséquent, avec les pensées et les émotions qui y sont rattachées, vous fonctionnez beaucoup mieux au quotidien. Aux yeux des autres, vous pourriez même avoir l'air heureux. Mais cette façade est pénible à maintenir et quand vous vous retrouvez seul, vous souffrez encore davantage. En fait, plus vous cherchez à fuir vos pensées, plus elles s'incrustent en vous et plus nombreux sont les flashbacks et les cauchemars.

Même si c'est difficile, la bonne stratégie, à plus long terme, est l'acceptation. Vous devez accepter que vous avez subi une agression sexuelle, reconnaître que vous avez été une victime, mais tout en affirmant qu'aujourd'hui vous n'en êtes plus une. Vous avez survécu, certes, mais maintenant vous choisissez de vivre. Ce livre vous aidera à vivre plutôt qu'à survivre ; je le souhaite.

Un pas en avant

Briser l'isolement

Si vous avez tendance à éviter certaines personnes ou situations qui peuvent faire ressurgir des flashbacks de l'agression, il est important de ne pas tomber dans le piège de l'isolement. Pour déterminer si l'évitement auquel vous recourez sert à vous protéger ou vous amène à vous isoler, pensez au nombre d'occasions que vous refusez. Si vous en refusez davantage que vous n'en acceptez, il est fort probable que vous vous isoliez. Une première étape pourrait consister à vous créer d'autres activités sociales que celles que vous cherchez à fuir. Déjà, vous seriez moins isolé, car vous compenseriez par de nouvelles activités celles que vous évitez. Choisissez d'abord des personnes ou des contextes qui ne vous paraissent aucunement menaçants. Puis, au fur et à mesure que vous prenez confiance en vous socialement, réexaminez toutes les situations que vous évitez. Parmi celles-ci, y en aurait-il que vous pourriez accepter ? Allez-y tout en douceur et si vous ne vous sentez pas bien, renoncez pour un moment. À chacun son rythme et il est important que vous vous respectiez.

Affronter les flashbacks

Connaissez-vous l'adage: « Ce que tu fuis te poursuit; ce à quoi tu fais face s'efface » ? Pour vos souvenirs, c'est exactement ce qui se passe. Même s'il est épuisant de vivre ces flashbacks, sachez que vous n'êtes pas seul à en avoir. C'est un des symptômes majeurs du stress post-traumatique dont beaucoup de victimes d'agression sexuelle souffrent.

Lorsque les souvenirs remontent, il est important de vous rappeler que ce ne sont que des souvenirs, que ce n'est pas en train d'arriver maintenant. Regardez autour de vous afin de bien vous situer dans le temps. Le lieu, les personnes qui vous entourent vous aideront à réaliser que vous n'êtes pas au moment de l'agression sexuelle. C'est la peur d'être agressé à nouveau qui parle. Ayez pour vous-même un discours rassurant: « Tu es en sécurité à présent. Je prends soin de toi. » Si vous êtes seul, vous pouvez toucher un objet dans la pièce qui est significatif pour vous ou encore un bijou que vous portez, boire un verre d'eau, bouger les extrémités. Vous pouvez aussi vous parler dans un miroir, à défaut de pouvoir parler à quelqu'un. Prenez le temps de vous rassurer, de vous rappeler que vous êtes en sécurité. Si vous êtes avec des personnes de confiance, et que vous vous sentez prêt à vous confier, parlez-leur. Elles peuvent être d'une aide précieuse. N'oubliez pas que votre agresseur vous a conditionné à garder le secret, mais que cela ne vous a pas aidé à vous en sortir. La parole, elle, est libératrice. J'ai animé à plusieurs reprises des groupes d'entraide pour victimes d'agression sexuelle, hommes et femmes. J'ai alors constaté le bien-être que leur procurait le fait de s'exprimer, d'être entendu, mais aussi d'écouter les autres. Les groupes d'entraide peuvent avoir un impact positif sur le stress post-traumatique. Je vous recommande d'adhérer à un de ces groupes.

Désamorcer les cauchemars

Le stress post-traumatique comporte aussi des cauchemars. Pour vous libérer à court terme de ces derniers, essayez d'imaginer une fin heureuse alors que vous êtes éveillé. Prenez un rêve récurrent que vous avez et pensez-y, revoyez le scénario dans votre tête, puis imaginez une fin où vous arrivez à vous libérer de l'emprise de la personne qui veut vous agresser, où vous arrivez à fuir, etc. Lorsque vous vous réveillez d'un cauchemar, en sueur par exemple, prenez le temps de vous lever, de prendre un verre d'eau, de regarder autour de vous pour reprendre contact avec la réalité, avec l'endroit sécuritaire où vous vous trouvez actuellement. Cela vous aidera à ne pas retourner dans les mêmes cauchemars une fois rendormi. Imaginer une fin heureuse à vos cauchemars est utile, mais rappelez-vous que les cauchemars le sont également: ils servent à libérer votre inconscient de ses souffrances. Aussi, je vous suggère tout de même d'entreprendre une psychothérapie de l'inconscient où vous travaillerez sur les souffrances exprimées dans vos cauchemars afin qu'elles soient entendues. Lorsqu'on aborde les rêves en psychothérapie, avec le temps, il n'est pas rare que la victime prenne un rôle plus actif et combatif dans ses cauchemars en dénonçant l'agresseur, en s'y opposant ou encore en l'attaquant. Vous prenez alors conscience que le traumatisme n'est plus ce qu'il était. Vous faites plus que survivre, vous voulez vivre.

Réduire son stress

J'ai mentionné plus haut que les souvenirs peuvent faire surface lorsque votre esprit n'est pas occupé, d'où la tendance à l'occuper le plus possible. Par contre, en période de stress, plusieurs personnes voient les flashbacks et les souvenirs augmenter. Il serait donc important de prévoir tous les jours une courte période de relaxation, de méditation ou de visualisation.

Exercice de relaxation

Le but de la relaxation est de vous détendre et de vous départir de votre stress. Voici deux exercices de relaxation que vous pouvez essayer. La respiration abdominale consiste à retrouver une respiration calme et profonde, car le stress perturbe votre respiration, ce qui amène une mauvaise circulation dans votre corps et augmente la tension.

En position assise, placez une main sur votre abdomen et une autre sur votre thorax, et respirez comme d'habitude. Vous constaterez que la respiration se fait dans votre thorax plutôt que dans votre abdomen, alors que ça devrait être le contraire. Assurez-vous d'inspirer par le nez et d'expirer par la bouche, en étant conscient que la respiration se fait dans l'abdomen. Prenez une inspiration par le nez et comptez jusqu'à trois, puis expirez par la bouche en relâchant votre abdomen et en comptant jusqu'à cinq. Vous évacuez le stress à chaque expiration. Recommencez quatre fois.

La relaxation musculaire progressive de Jacobson est probablement la plus connue. Elle peut vous mener au sommeil si vous êtes en position allongée, même si ce n'est pas forcément le but. Donc, si vous faites cet exercice pendant la journée, je vous suggère de rester en position assise. Cette méthode de relaxation consiste à contracter différents muscles en douceur, sans douleur, pendant cinq à sept secondes. Pour chaque partie du corps, après avoir maintenu la contraction, il est important de bien sentir la tension que vous relâchez. Voici la marche à suivre :

- Pour débuter, prenez trois profondes respirations en inspirant par le nez et en expirant par la bouche. Veillez à ce que ce soit votre abdomen qui se gonfle, lors des inspirations, et non votre thorax.
- Serrez le poing de cinq à sept secondes ; relâchez.

- Tendez ensuite vos bras ; restez ainsi de cinq à sept secondes ; libérez la tension.
- Levez les sourcils de cinq à sept secondes ; relâchez.
- Fermez les yeux et contractez-les de cinq à sept secondes ; détendez-les.
- Serrez la mâchoire de cinq à sept secondes ; laissez-la aller.
- Fermez la bouche en pressant vos lèvres l'une contre l'autre de cinq à sept secondes ; relâchez.
- Inclinez la tête vers l'arrière jusqu'à ressentir une petite tension ; maintenez cette position de cinq à sept secondes ; ramenez la tête à sa position initiale. Inclinez-la ensuite vers l'avant en appuyant le menton contre la poitrine ; gardez cette position de cinq à sept secondes ; ramenez la tête à sa position initiale.
- Haussez les épaules de cinq à sept secondes ; relâchez. Reculez vos épaules vers l'arrière en essayant de faire toucher vos omoplates ; gardez cette position de cinq à sept secondes ; relâchez.
- Contractez les muscles du ventre de cinq à sept secondes ; relâchez.
- Arquez le dos de cinq à sept secondes ; reprenez votre position initiale.
- Contractez les muscles fessiers de cinq à sept secondes ; détendez-les.
- Contractez les muscles des cuisses de cinq à sept secondes ; relâchez.
- Pointez vos orteils vers le haut de façon à sentir la tension dans les mollets ; restez ainsi de cinq à sept secondes ; reposez les pieds à plat. Pointez vos pieds vers le bas ; comptez de cinq à sept secondes ; reposez les pieds à plat.

Cette relaxation peut vous prendre environ 20 minutes, mais elle apporte de grands bénéfices et pas seulement sur le moment.

Exercice de méditation

La méditation a pour but de vous aider à vous recentrer sur vous-même, loin des préoccupations extérieures. Elle développe votre attention et votre concentration. Il existe plusieurs techniques, mais la plus simple, pour débuter, est celle qui est axée sur la respiration.

Installez-vous confortablement en position assise, fermez les yeux et respirez comme d'habitude.

- Observez votre respiration. Par où passe-t-elle ? À quel rythme ? Est-elle coupée ou continue ? Si elle bloque, à quel endroit le fait-elle ?
- Si votre attention se détourne ou si votre esprit erre, recentrez-vous sur votre respiration.

Deux ou trois minutes suffisent.

Une autre forme de méditation consiste à vous concentrer sur une phrase qui vous apaise et vous réconforte. Idéalement, vous devez la pratiquer dans un endroit confortable, loin des distractions extérieures et lorsque votre esprit est calme. Vous pouvez choisir une phrase qui vous parle, formulée de façon positive, et vous concentrer dessus. Par exemple: « Je choisis de vivre pleinement et de faire confiance. » Cette phrase, vous pouvez d'abord la voir dans votre tête, comme si vous l'écriviez à la main. Pensez à une feuille de papier et aux lettres apparaissant au fur et à mesure qu'elles sont écrites. Pour que vous vous sentiez davantage concerné, je vous suggère d'imaginer qu'il s'agit de votre écriture. Finalement, afin de vous aider à mieux intégrer la phrase choisie dans votre esprit, vous pouvez l'écrire à la main et la coller dans un endroit, chez vous, où vous la verrez souvent: sur le miroir de votre chambre, sur celui de la salle de bain, sur une porte d'armoire ou sur celle du frigo... L'important est que vous puissiez voir cette phrase fréquemment. N'oubliez pas de prendre quand même deux à trois minutes par jour pour faire l'exercice de méditation, en position assise, loin des distractions.

Exercice de visualisation

Dans la visualisation, vous vous représentez une situation ou un objet positif pour vous et susceptible de vous apporter du bien-être. L'objet que vous imaginez pourrait être le soleil, dont vous sentez la chaleur et qui vous enveloppe de sa lumière. La situation doit se dérouler dans un endroit où vous aimeriez être et qui vous apaise. Prenez le temps de le voir dans votre tête, de sentir sa température, etc. Par exemple, vous vous imaginez sur une plage, seul, les pieds dans le sable, vous sentez l'odeur de la mer, vous entendez les vagues, vous êtes bien.

Que vous choisissiez la relaxation, la méditation ou la visualisation, il existe des méthodes reconnues que vous pouvez utiliser. Vous pouvez aussi tout simplement créer la vôtre à partir des exemples donnés. Tout ce qui compte, c'est que cela vous convienne et que vous y croyiez.

Les méthodes de relaxation, de méditation ou de visualisation vous stressent? D'autres moyens, plus concrets, peuvent également vous être bénéfiques. Prenez le temps de faire une liste de choses qui vous détendent et vous calment. Voici tout de même quelques idées si vous êtes en panne d'inspiration: écouter de la musique relaxante, faire du dessin ou du scrapbooking, marcher dans un endroit paisible, faire une randonnée de ski, de raquette ou de vélo, s'étendre sur une chaise longue, prendre un long bain, lire un bon livre, faire des mots croisés, etc. Ces petits plus peuvent être planifiés comme n'importe quelle autre chose. Après tout, prendre soin de soi devrait toujours être une priorité!

L'écriture qui guérit

Si vous souhaitez mieux comprendre vos rêves, prenez l'habitude, chaque matin, de vous poser cette question: «À quoi ai-je rêvé?» Écrivez la date, puis tout ce qui vous vient à l'esprit. Il se peut que ce ne soit pas très cohérent, mais ce n'est pas grave. Au fur et à mesure que vous écrirez, d'autres détails vont vous revenir. Si vous ne vous souvenez que du début du rêve, vous pouvez vous-même vous poser des questions pour favoriser l'émergence du souvenir.

Évelyne se souvient d'avoir rêvé qu'elle marchait dans une forêt, rien d'autre. Elle pourrait se poser les questions suivantes : Quelle saison était-ce ? Quel moment de la journée était-ce ? Est-ce que je connais ou non cette forêt ? De quel type de forêt s'agissait-il ? Cette forêt me semblait-elle plutôt menaçante ou apaisante ? Y étais-je seule ? Qu'y faisais-je ? Qu'y ai-je vu ? Comment me sentais-je ? Comment mon rêve se terminait-il ?

Écrire vos rêves vous amène à passer de l'inconscient au conscient. Vous remarquerez vous-même des répétitions dans vos rêves. Vous comprendrez beaucoup de choses et vous apprendrez à avoir de moins en moins peur durant vos cauchemars. Vos rêves pourraient même se préciser et, petit à petit, être moins envahissants. Vous pourrez surmonter le sentiment d'impuissance qui vous assaille et reprendre peu à peu le contrôle de vos nuits, bénéficiant ainsi d'un sommeil plus réparateur. Si vous souhaitez aller plus loin, vous pouvez entreprendre une thérapie basée sur le travail de l'inconscient avec un thérapeute d'approche analytique.

Que ce soient les cauchemars ou les flashbacks, ces souvenirs traumatiques ne sont pas faciles à vivre et, pourtant, ils permettent à votre corps d'expulser les traumatismes qu'il porte. Au lieu de tenter de les ignorer, il faut y être attentif, car ils sont l'une des clés pour vous mener sur la voie du rétablissement.

Chapitre 2

Reprendre du pouvoir sur sa vie

L'agression sexuelle est un geste de domination. Une personne exerce son pouvoir sur une autre à travers la sexualité, mais souvent aussi à travers un regard, des paroles, des attitudes, parfois en faisant des menaces de représailles ou en ayant recours à la violence physique. Il en découle de la peur et un sentiment d'impuissance. Retrouver le sentiment de pouvoir sur soi, sur son corps et sur sa vie est une étape importante pour se sentir à nouveau pleinement vivant.

L'impuissance qui paralyse

Lors de l'agression sexuelle, vous vous êtes peut-être dit : « Mais comment en suis-je arrivé là ? » Vous ne saviez pas comment cela avait commencé ni pourquoi, et encore moins comment vous en sortir. Peut-être avez-vous tenté d'échapper à la situation en disant non, en vous débattant, en tentant de raisonner l'agresseur, en en parlant à une personne en qui vous aviez confiance, mais ça n'a pas marché. Vous avez dès lors compris qu'il était inutile de vous battre. De là est né le sentiment d'impuissance. Pour plusieurs victimes, ce sentiment d'impuissance s'est généralisé à d'autres sphères de leur vie, et s'est perpétué dans le temps. C'est devenu ce qu'on appelle le « syndrome de l'impuissance acquise ». Vous partez avec la croyance que même si vous demandez, vous défendez, vous affirmez ou vous battez, vous allez perdre, alors à quoi bon ?

***J'aurais pu m'enfuir, mais je ne l'ai pas fait.
Je n'ai pas dit « non » clairement. Donc, mon agresseur a peut-être cru que j'étais consentante.***

Plusieurs victimes ne comprennent pas qu'elles soient demeurées là pendant l'agression sexuelle ou encore qu'aucun son n'ait pu sortir de leur bouche. Ce n'est pas que vous étiez consentante ; c'est que vous avez compris que cela ne servirait à rien, que même si vous vous sauviez, il vous rattraperait. Vous avez eu peur des représailles – par exemple de le voir s'en prendre, un jour, à quelqu'un que vous aimiez –, car il vous avait menacée de le faire. Vous n'avez pas parlé, car même si vous aviez dit non, il aurait continué. Il y avait quelque chose dans son attitude, dans son regard, dans ses gestes qui vous a fait comprendre qu'il irait jusqu'au bout. Vous l'avez laissé faire pour que ça finisse au plus vite. Le sentiment d'impuissance, c'est exactement cela. En plus de l'impuissance ressentie, bien des gens – dont l'agresseur – vous feront culpabiliser en insinuant que vous ne vous êtes pas défendue. Mais vous défendre contre qui ? Un adulte, alors que vous n'étiez qu'une enfant ? Quelqu'un que vous aimiez, en qui vous aviez confiance et qui, pensiez-vous, n'aurait jamais pu vous faire du mal ? L'impuissance, vous l'avez ressentie et, en elle-même, elle a contribué au traumatisme de l'agression sexuelle.

La perte de pouvoir sur sa vie

Perdre le sentiment d'emprise sur sa vie ou encore ne l'avoir jamais eu affecte bien des comportements et des attitudes dans la vie d'une personne. Certains se sentent incapables d'agir, comme au moment de l'agression. Ils se retrouvent dans des situations désagréables sans être capables d'y mettre un terme. Ayant de la difficulté à passer à l'action, ils ne saisissent pas les occasions qui se présentent, ce qui les maintient dans des situations qui, sans être désavantageuses, peuvent se révéler nettement moins intéressantes que s'ils avaient agi.

Thierry travaillait dans une grande entreprise depuis 15 ans. Loyal, dévoué et serviable, il était apprécié par ses collègues et ses employeurs. Il connaissait bien son travail, mais pouvait aussi aisément remplacer un collègue en vacances, car il connaissait assez bien les tâches des autres. Cependant, il ne se présentait jamais aux concours parce qu'il lui était difficile de passer à l'action. À un moment donné, son patron immédiat l'a encouragé à postuler pour un poste de chef d'équipe. Thierry n'était pas capable de choisir entre ces deux possibilités : garder son travail ou poser sa candidature à un poste avec plus de responsabilités, mais aussi avec plus d'avantages sociaux et de possibilités d'avancement. Il est donc resté là où il était.

La difficulté à choisir découle du sentiment d'impuissance, car, pour pouvoir choisir, encore faut-il considérer que vous avez le choix et que vous méritez mieux. Or, votre agresseur vous a fait comprendre que vos besoins et vos désirs n'étaient pas importants. Il vous faut par conséquent tout un apprentissage, aujourd'hui, pour arriver à considérer que vous êtes quelqu'un d'important qui mérite d'avoir le sentiment de contrôler sa vie. En tant que victime, vous n'avez pas eu la place nécessaire pour vivre vos émotions ; vous avez souvent dû les garder à l'intérieur de vous. Il n'est donc pas facile de les reconnaître à présent. Il en va de même pour vos limites : elles n'ont pas été respectées.

L'ultime limite, votre corps, ayant été transgressée, vous devez aller puiser loin à l'intérieur de vous pour cerner vos limites et ensuite les affirmer. Bref, l'impuissance ressentie lors de l'agression vous a donné un sentiment de perte de pouvoir plus général sur votre vie, mais aussi dans vos relations. La bonne nouvelle est que ce pouvoir peut se regagner. Vous trouverez des exercices plus loin dans ce chapitre pour y arriver.

La perte de pouvoir dans ses relations

L'impuissance éprouvée au moment de l'agression sexuelle se répercute également dans les relations. La victime peut avoir de la difficulté à s'exprimer et à s'affirmer. Quand elle a essayé de le faire, l'agresseur, la plupart du temps, ne l'a pas écoutée. La victime peut alors se demander: «À quoi bon s'affirmer si ça n'a servi à rien?»

Les relations que vous entretenez, en tant qu'ex-victime, ont pu se bâtir sur votre manque d'affirmation, et les gens peuvent, même involontairement, vous imposer leurs façons de voir et de faire. Il vous est peut-être difficile de vous distancier de leurs propos pour trouver vos propres ressources. Vous pouvez aussi avoir du mal à mettre des limites dans vos relations par peur d'être rejeté. Personne n'aime être rejeté, bien entendu. Cependant, si les gens vous rejettent parce que vous vous affirmez, c'est qu'ils ne vous aiment pas tel que vous êtes. Ils aiment l'image qu'ils ont de vous. Évidemment, s'affirmer sans agresser est primordial. Il n'est pas toujours aisé, pour l'ex-victime, de trouver le juste milieu, car la colère et l'impuissance ressenties peuvent parfois rejaillir avec agressivité, sans crier gare. Dans ce cas, si vous reconnaissez avoir dépassé les limites, il est toujours possible de présenter vos excuses. Par contre, j'ai vu beaucoup de victimes qui passaient leur temps à s'excuser. C'était comme si elles disaient aux autres: «Excusez-moi d'exister.» Nous avons tous le droit d'exister. Chacun est responsable de sa vie. Vous ne devez pas vous sentir obligé de satisfaire les désirs et les besoins des autres. Occupez-vous plutôt de vos propres désirs et besoins, et laissez les autres faire de même. Bien sûr, si vous vous mettez en quatre pour les autres, vous allez recevoir beaucoup de remerciements et de compliments. mais que vous reste-t-il par la suite ? Les gens apprécieront votre geste sur le coup, mais ils passeront rapidement à autre chose. Avoir le contrôle dans ses relations, c'est aussi s'assurer que les gens ne profitent pas de votre bonne volonté et de votre désir d'être aimé.

De même, bien que votre entourage vous demande fréquemment de l'aide, vous hésitez peut-être à en demander pour vous-même quand vous en avez besoin. Lors d'une agression sexuelle, la victime demande bien souvent de l'aide, mais celle-ci vient rarement. Alors, peut-être pensez-vous : « Pourquoi demander de l'aide puisque personne ne m'en a donné autrefois ? » Demander de l'aide n'est pas une faiblesse ; c'est tout le contraire de l'impuissance. Cela signifie plutôt que vous faites ce qu'il faut pour régler un problème. En outre, cela vous permet de constater que vous n'êtes pas seul et que votre entourage peut vous tendre la main. Apprenez à accepter ces mains tendues lorsqu'elles se présentent et, surtout, ne vous préoccupez pas de ce qui pourrait vous être demandé en échange. S'entraider entre personnes de confiance, cela fait également partie de la vie !

Le contrôle pour contrer l'impuissance

L'impuissance est un état désagréable à vivre. Pour y remédier, consciemment ou non, vous pouvez basculer dans le contrôle, puisque ne pas avoir de contrôle amène une vulnérabilité, le risque d'être blessé. Pour vous, ne pas avoir le contrôle signifie peut-être le céder aux autres ou, encore, vous laisser submerger par les émotions et les événements. Dans certaines situations, vous avez probablement déjà senti que vous n'aviez pas le pouvoir de changer le cours des choses. Cela vous a déstabilisé et vous vous êtes dit qu'on ne vous y reprendrait plus. Alors, vous planifiez votre vie dans le moindre détail et, si un imprévu survient, vous ressentez de la frustration et tentez de contrôler davantage. Pourquoi les événements ont-ils une telle emprise sur vous ? Parce qu'il vous est difficile de lâcher prise. Les exercices que vous trouverez à la fin du chapitre vous guideront vers une plus grande paix intérieure en vous libérant de l'insécurité qui est à la base du contrôle. En effet, les personnes les plus contrôlantes sont souvent les plus anxieuses. Le contrôle a un effet rassurant dans leur vie. Le sentiment d'apaisement qu'elles ressentent lorsque les choses se déroulent exactement comme prévu les amène à répéter ce comportement et à en faire une habitude.

Avoir le contrôle de soi

Pour certaines victimes, ce n'est pas tant de contrôler l'environnement, les événements ou même les autres qui importe. Ce qui compte, c'est d'avoir le contrôle de soi. Elles n'aiment pas être submergées par leurs émotions. Les émotions, quand elles font surface, peuvent leur rappeler l'intensité de la détresse ressentie lors de l'agression sexuelle.

Nathalie a beaucoup de difficulté à gérer sa colère. Quand elle se croit victime d'une injustice, cela la ramène directement aux attouchements que lui faisait son beau-père, car, selon lui, la mère de Nathalie refusait, depuis un certain temps, tout contact sexuel. « Pourquoi est-ce à moi de payer pour ça ? » Maintenant, quand Nathalie sent à nouveau qu'elle doit subir une situation parce que « c'est comme ça » ou parce qu'un autre ne veut pas ou ne peut pas faire quelque chose, elle devient hors d'elle. Elle a donc cherché à acquérir une parfaite maîtrise d'elle-même. Quand ça lui arrive, elle prend de bonnes respirations, elle imagine que la tête de l'autre est sur le point d'exploser et elle va faire un tour à la salle de bain. Ce que les gens ignorent, c'est qu'elle traîne toujours dans son sac à main un petit flacon d'alcool. Nathalie prend alors deux bonnes gorgées et retourne comme si de rien n'était vers les autres. Plusieurs admirent son sang-froid. S'ils savaient…

Bien des victimes utilisent la drogue ou l'alcool pour « geler » leurs émotions et, ainsi, pouvoir fonctionner normalement dans un contexte social ou professionnel. Elles ont de cette façon l'impression de maîtriser la situation, jusqu'au jour où la consommation devient si importante qu'elles en perdent le contrôle et tombent dans la dépendance. Pour que la consommation devienne inquiétante, il ne faut pas se fier uniquement à la quantité d'alcool ou de drogue consommée, mais surtout à la difficulté de s'en passer. Je me rappelle Ron, dans un groupe d'hommes victimes d'abus sexuel durant l'enfance. Une des règles du groupe était de ne pas boire d'alcool les soirs de thérapie, donc un soir par semaine pendant 10 semaines. À la première rencontre, Ron nous a confié qu'il buvait deux verres de vin à chaque souper. Lorsqu'on lui a dit qu'il devrait s'abstenir les soirs de thérapie, il a répété plusieurs fois que sa consommation d'alcool ne changeait rien, qu'il n'avait pas de problème. Alors, s'il n'avait pas de problème, pourquoi insistait-il autant ? Son attitude en elle-même était très révélatrice. Il n'a pas mis longtemps, après le début de la thérapie de groupe, à reconnaître qu'il avait un problème de dépendance.

Par conséquent, il n'est pas souhaitable de contrôler ou de gérer ses émotions. Il faut plutôt être à leur écoute et non les faire taire, les apprivoiser pour mieux les canaliser. Les émotions ont toujours leur place. Rappelez-vous que vos émotions sont exprimées par votre « enfant intérieur ». Que vous ayez été agressé sexuellement durant l'enfance ou à l'âge adulte, c'est la partie « enfant » qui a été blessée, celle qui est naïve, qui fait confiance, qui prend la vie comme elle vient. Bref, celle qui aime la vie et en profite autant qu'elle peut. Cet enfant intérieur, l'agresseur l'a fait taire ; ne le faites pas taire, vous aussi.

Contrôler les autres

Une autre façon de reprendre du pouvoir est de chercher à contrôler les autres. Ce faisant, vous tentez de vous défaire du traumatisme vécu. Vous n'êtes plus la personne contrôlée; vous devenez celle qui exerce le contrôle. C'est ce qu'on appelle transformer le trauma en triomphe. Pour contrôler les autres, vous utilisez certaines stratégies. En voici quelques-unes: leur cacher des informations les concernant, les rendre dépendants de vous, les culpabiliser, les menacer, leur mentir, manifester de la colère ou de l'agressivité pour les faire agir comme vous le souhaiteriez, utiliser la séduction et la sexualité pour les amadouer et, finalement, jouer à la victime. Toutes ces façons de faire créent des relations basées sur la manipulation, ce qui fausse vos relations. Les gens ont de la difficulté à être en relation avec vous, car ils sentent qu'ils ne peuvent vous faire confiance. Le plus inquiétant est que vous risquez d'attirer des personnes qui vous manipuleront à leur tour. Vous vous sentirez alors à nouveau victime et cela vous maintiendra dans le cercle vicieux de l'impuissance et du contrôle.

Vos relations avec les autres, ce sont aussi vos relations avec l'autorité. Beaucoup de victimes ont de la difficulté à accepter celle-ci, car elle leur rappelle l'agresseur qui a utilisé son autorité pour prendre avantage sur elles. L'autorité par le rôle qu'il avait dans leur vie, l'autorité par l'âge, la stature, le statut socioéconomique, etc. Défier l'autorité est donc une autre façon, pour les victimes, de transformer le trauma en triomphe. Enfreindre les règles devient une manière de faire un pied de nez à l'autorité sociale. Ces personnes doivent absolument être accompagnées afin de trouver des moyens sains de reprendre leur place sans pour autant prendre celle des autres ou encore enfreindre les règles, car elles pourraient aller au-devant de graves ennuis, comme avoir un casier judiciaire. Contrôler les autres peut par conséquent apporter un sentiment de pouvoir qui pallie celui d'impuissance que la victime a ressenti. Mais, en même temps, la victime se rend compte qu'avoir du contrôle sur les autres est fatigant à la longue, car il lui faut toujours être aux aguets pour s'assurer qu'ils font ce qu'elle attend d'eux.

S'ils ne le font pas, elle peut alors avoir recours aux stratégies de manipulation mentionnées plus haut. Il serait tellement plus simple d'accepter les gens comme ils sont et de faire sa place autrement. Mais, pour une victime, cet apprentissage ne se fait pas facilement.

Un pas en avant

Apprendre à mieux se protéger

Saviez-vous qu'une personne ayant subi une agression sexuelle durant l'enfance courrait deux ou trois fois plus de risques d'être de nouveau agressée à l'âge adulte ? La raison en est qu'une agression sexuelle rend la victime vulnérable. C'est pour cela qu'il vous faut prendre la décision de vous en sortir. Victime un jour ne signifie pas victime toujours. Le sentiment d'impuissance est votre pire ennemi. Plus vous aurez l'impression de n'avoir aucun pouvoir sur votre vie, plus vous courrez le risque de vous retrouver dans des contextes ou avec des personnes qui pourraient vous nuire. Pour éviter de redevenir une victime, il vous faut premièrement reconnaître l'agression sexuelle que vous avez subie. Si vous la niez, vous risquez de revivre la même chose. Deuxièmement, vous devez développer une bonne estime de vous-même et vous affirmer dans vos rapports avec les autres (voir le chapitre 7). Troisièmement, il vous faut admettre que vous avez du pouvoir et que vous pouvez l'exercer. Vous devez apprendre à prendre les bonnes décisions pour vous-même et écouter la petite voix à l'intérieur de vous ou, encore, être à l'affût des signaux d'alarme que vous voyez et ressentez. Quatrièmement, il est important de sortir de votre isolement. Finalement, pourquoi ne pas prendre des cours d'autodéfense ? Sans devenir un champion des arts martiaux, vous en saurez suffisamment pour vous défendre et cela vous donnera confiance. N'oubliez pas cependant que la plupart des agressions sont commises par des gens qu'on connaît. Par conséquent, soyez vigilant dans le choix de vos fréquentations. Vous n'êtes jamais responsable des agressions sexuelles commises à votre endroit, mais vous pouvez utiliser les quelques conseils donnés plus haut pour vous protéger.

Passer à l'action et... lâcher prise

Même si toutes les victimes veulent faire des changements dans leur vie, il peut être difficile de vous mobiliser, de passer à l'action, car vous faites face à l'inconnu. Il vous faut commencer par accepter que vous avez été une victime et qu'on a abusé de vous sexuellement, physiquement, psychologiquement, émotionnellement et moralement. Vous n'avez eu aucun contrôle sur ce qui s'est passé, mais vous en avez aujourd'hui sur votre guérison. Une fois que vous aurez accepté ce qui vous est arrivé, vous ne chercherez plus à le nier ou à le combattre. Vous saurez que ça fait partie de votre vécu. Rappelez-vous que l'impuissance que vous ressentez vient de l'agression que vous avez subie. Depuis, vous avez développé des forces et vous avez mobilisé des ressources tant en vous qu'autour de vous. Vous n'êtes plus la victime que vous avez été; cela, il est impératif d'en prendre conscience. Il faut vous voir comme un agent de changement et ne pas attendre que les autres fassent les changements qui vous seront bénéfiques.

Repérez les situations de votre vie où vous ressentez de l'impuissance. Posez-vous les questions suivantes: Qu'est-ce qui m'appartient dans cette situation? Qu'est-ce qui ne m'appartient pas? Qu'est-ce que je peux faire pour arranger les choses et qu'est-ce qui est en mon pouvoir?

Ensuite, il faut lâcher prise sur la situation et avoir confiance. Lâcher prise ne vous ramènera pas à votre sentiment d'impuissance. Cela vous incitera plutôt à accomplir les bonnes actions et à prendre votre juste part de responsabilités dans une situation, sans en faire reposer tout le poids sur vos épaules.

Jacinthe éprouve une attirance pour Martin, le frère d'une de ses amies. Elle l'a rencontré à deux reprises et aimerait vraiment sortir en tête à tête avec lui. Ce qui appartient à Jacinthe dans cette situation, c'est ce qu'elle ressent pour Martin et sa volonté de le lui faire savoir. Ce qui ne lui appartient pas, c'est ce que Martin pense d'elle et ressent pour elle. Elle n'a non plus aucun pouvoir sur la situation amoureuse de Martin ou son désir de s'engager dans une relation. Elle peut seulement faire comprendre à Martin qu'elle aimerait mieux le connaître. Il reste à déterminer comment elle peut s'y prendre : soit en abordant directement Martin ou, si elle est timide, en passant par sa sœur. Ensuite, il lui faudra lâcher prise par rapport à la réponse de Martin. S'il ne se montre pas disponible ou intéressé, cela n'enlève rien à Jacinthe. Peut-être ne souhaite-t-il tout simplement pas avoir une relation amoureuse ou connaître Jacinthe davantage. On ne peut plaire à tout le monde. Si Jacinthe accepte de lâcher prise après avoir manifesté ses intentions à Martin, il est possible que les choses évoluent dans le temps et – qui sait ? – il pourrait vouloir la présenter à un de ses amis célibataires.

La vie nous réserve parfois de belles surprises si on veut bien être attentif. Pensez au dicton qui dit : « Quand une porte se ferme, ailleurs s'ouvre une fenêtre. » Les choses n'arrivent pas toujours comme on le souhaiterait et, quelquefois, elles s'arrangent encore mieux que ce qu'on aurait imaginé. C'est ça, lâcher prise !

Oser des changements concrets

Vous avez bien saisi l'importance de ne pas rester dans le sentiment d'impuissance, mais de vous mobiliser. Maintenant, par où commencer ?

Tout d'abord, asseyez-vous et réfléchissez aux choses que vous aimeriez changer. Demandez-vous ensuite pourquoi vous voulez faire ces changements. Prenez le temps de reformuler chacun des changements de façon positive, concrète et réalisable. Prenons un exemple. Vous aimeriez perdre du poids pour les raisons suivantes : vous êtes régulièrement essoufflé, vous ne pouvez pas jouer avec vos enfants autant que vous aimeriez, vous ne vous trouvez pas beau lorsque vous vous regardez dans le miroir et vous aimeriez être plus en forme physiquement. Si nous reformulions ces changements de manière positive, nous pourrions dire : être davantage en forme physiquement, être plus alerte avec les enfants et aimer davantage votre reflet dans le miroir.

Trouvez ensuite deux moyens de réaliser chacun de ces changements positifs. Par exemple, pour être plus en forme physiquement, vous pourriez décider de marcher davantage en vous fixant des objectifs réalistes en fonction de votre rythme de vie. Allez-y progressivement. Si vous en faites trop, trop vite, vous risquez de vous décourager. Pour ce qui est d'être plus alerte physiquement avec vos enfants, commencez par un jeu facile, comme un jeu de ballon, et donnez-vous un laps de temps, disons 15 minutes. Si vous voyez que ça va bien, vous pourrez en ajouter par tranche de cinq minutes. Finalement, si vous n'aimez pas votre reflet dans le miroir, il n'y a pas que votre poids à considérer. Peut-être que vos vêtements ne vous mettent pas en valeur. Même avec un budget limité, on peut trouver de beaux vêtements d'occasion. Soyez créatif dans vos solutions ! L'important est que vous agissiez, une étape à la fois.

L'écriture qui guérit

Pour ce chapitre, je vous propose trois exercices.

- Pour vous sentir plus fort, prenez le temps d'énumérer par écrit les forces que vous possédez et celles que vous aimeriez avoir. Il peut s'agir de qualités, de compétences ou de talents. Choisissez une force parmi celles que vous aimeriez avoir et donnez-vous deux moyens concrets de la développer. Quand elle sera bien là, vous pourrez en choisir une autre et refaire le même processus.

- Lorsqu'une difficulté se présente, votre réaction spontanée pourrait être de baisser les bras. Demandez-vous plutôt : « Et si j'avais une baguette magique ? » Faites la liste des moyens, même farfelus, dont vous disposeriez alors pour résoudre votre problème. Certains en inspireront d'autres. Puis demandez-vous s'il y en a un qu'il vous est possible d'utiliser. Concentrez-vous sur les moyens que vous prendrez. Tentez le coup et faites le point par la suite pour voir ce qui a marché et ce qui a moins bien marché.
- Le dernier exercice s'adresse aux personnes qui se sentent suffisamment fortes intérieurement pour le faire. Vous pourriez y revenir plus tard si vous le souhaitez, après avoir lu quelques chapitres. Je vous propose d'écrire le scénario d'une agression sexuelle que vous avez vécue. Vous la racontez telle qu'elle s'est déroulée, sans rien enlever ni ajouter. Puis vous réécrivez le scénario mais, cette fois, en ajoutant un personnage : vous, tel que vous êtes aujourd'hui. Vous imaginez que vous vous sauvez vous-même. Vous écrivez ce que vous diriez et feriez pour protéger cette victime que vous avez été. Si vous étiez enfant lors de l'agression, c'est vous en tant qu'adulte qui venez à son secours aujourd'hui. Si vous étiez adulte, imaginez que c'est cet « autre vous » qui s'interpose entre l'agresseur et la personne que vous étiez alors. Cet exercice n'est certes pas facile, mais il vous permettra de vous sentir en pleine possession de vos moyens.

Rappelez-vous en terminant que vous avez aujourd'hui entre vos mains le plein pouvoir de rendre votre vie plus agréable. Cela, personne ne peut vous l'enlever. C'est votre droit et votre liberté.

Chapitre 3
S'affranchir de la culpabilité

La culpabilité est probablement un des sentiments les plus forts chez une victime d'agression sexuelle. Pourtant, cette culpabilité devrait être entièrement portée par l'agresseur. Or, comme celui-ci a tendance à rejeter la faute sur la victime et que l'entourage ainsi que la société contribuent malheureusement parfois à nourrir ce sentiment, certaines victimes portent longtemps le poids de cette culpabilité.

La victime adulte, la coupable

Dans la plupart des crimes, le coupable est celui qui commet l'acte, mais lorsqu'il s'agit d'une agression sexuelle, la victime est souvent culpabilisée. Si vous étiez adulte quand vous avez été agressé, vous aviez peut-être entendu, auparavant, beaucoup (trop) d'idées reçues qui ont résonné dans votre tête lorsque l'agression est survenue. Comment était-elle habillée ? Quelle était son attitude ? L'a-t-elle provoqué ? Avait-elle bu ou consommé de la drogue ? Était-elle seule ? Était-ce le soir ? Toutes ces questions posées par des proches, des thérapeutes ou même par le public dans les cas d'agression sexuelle médiatisés peuvent générer un fort sentiment de culpabilité.

Émilie, 25 ans, étudiante en marketing, se souvient de son agression comme si c'était hier. Elle était sortie dans un bar avec des amies pour fêter un peu la fin de la session. Elles avaient parlé avec des garçons, et Émilie avait flirté avec l'un d'eux, mais sans plus. À la fin de la soirée, alors qu'elle s'apprêtait à prendre un taxi, le garçon en question lui a proposé de la raccompagner chez elle. Elle a trouvé délicat ce geste de sa part. Comment aurait-elle pu prévoir qu'il la violerait dans son auto ? Et pourtant… Lorsque Émilie leur a raconté ce qui s'était passé, ses amies lui ont dit qu'elles la croyaient intéressée par le garçon et que, par conséquent, il ne pouvait pas y avoir eu d'agression sexuelle. Ses parents l'ont blâmée d'être montée seule en auto avec un étranger. L'agresseur lui a déclaré qu'elle n'avait pas résisté avec beaucoup de vigueur et que, si elle avait dit non plusieurs fois, c'était seulement parce qu'elle voulait garder son image de bonne fille. Même l'intervenante l'a avertie que ce serait sa parole contre celle de son agresseur, que ses amies pourraient témoigner qu'elle avait flirté avec lui dans le bar, que le barman pourrait raconter qu'elle avait bu et semblait bien s'amuser avec lui. Émilie était découragée. Elle n'a jamais porté plainte car, au final, elle sentait qu'aux yeux de tous, elle était la coupable.

Ces idées reçues font mal, car elles peuvent s'incruster dans votre esprit. Mais mettons les choses au clair. En vous habillant de telle façon ce jour-là, vous ne souhaitiez pas avoir une relation sexuelle avec n'importe qui. Votre gentillesse n'était pas non plus une invitation dans ce sens. Que vous ayez accepté de suivre votre agresseur dans un endroit isolé ne signifie pas non plus que vous désiriez partager un moment d'intimité avec lui. L'heure tardive à laquelle vous l'avez croisé ne lui donnait pas la permission de profiter de votre vulnérabilité. N'oubliez pas que l'agresseur est un fin manipulateur. Il utilise ces croyances pour vous culpabiliser et, par le fait même, se déculpabiliser. Au fond de lui-même, il sait ce qu'est une agression sexuelle. Toutefois, comme il ne peut admettre qu'il est un agresseur sexuel, il cherchera, forcément, à vous convaincre que vous étiez consentante ou que vous l'avez cherché. En essayant de vous convaincre, c'est lui-même qu'il veut convaincre.

La victime enfant, la coupable

Il n'y a pas que les adultes qui ressentent de la culpabilité. L'enfant agressé sexuellement se sent aussi bien souvent coupable. À ses yeux, il devient responsable des gestes commis par l'adulte, ce qui l'amène à garder le silence. Il a honte. L'agresseur sait qu'il n'est pas censé faire de telles choses. Il se sent mal, il ne veut pas être jugé par son entourage, alors il culpabilise l'enfant. Ainsi, à force d'entendre votre agresseur affirmer que c'était votre faute, vous l'avez peut-être cru. Il s'est peut-être défendu en disant que vous aviez accepté les caresses qu'il vous avait faites, que vous saviez bien que tous les cadeaux qu'il vous donnait ou les sorties auxquelles il vous invitait avaient un « prix », que vous étiez curieux et intéressé par ce qu'il vous proposait. Ces attitudes d'enfant sont tout à fait normales et ne signifient pas que vous étiez consentant. Un enfant ne peut consentir à une sexualité impliquant un adulte ; la loi est claire là-dessus. Tout simplement parce qu'il n'a pas la maturité pour comprendre la portée de ce qui se passe. Les adultes qui profitent de la naïveté et de la vulnérabilité de l'enfant ne sont ni plus ni moins que des voleurs d'enfance. À ce titre, c'est à eux de se sentir coupables et non à l'enfant. Certains hommes profitent du fait que le père est absent de la vie de l'enfant pour jouer un rôle de figure paternelle. L'enfant est heureux de pouvoir compter sur la présence d'un homme qui lui enseigne plein de choses, qui fait une foule d'activités avec lui, mais, de toute évidence, dans sa tête, la sexualité n'en fait pas partie. Une figure paternelle digne de ce nom n'abuse pas sexuellement d'un enfant. Une figure paternelle protège son petit des vautours et lui apprend à se protéger et à se défendre. Elle n'est pas le loup dans la bergerie.

Une autre raison peut expliquer la culpabilité ressentie : dans la majorité des agressions sexuelles impliquant un enfant, la violence physique n'est pas utilisée. L'enfant a donc l'impression qu'il aurait pu mettre un terme aux agressions sexuelles. L'agresseur favorise plutôt le secret partagé, la connivence avec l'enfant. Celui-ci se sent du coup important, car il possède lui aussi un secret, mais il s'agit d'un secret bien lourd à porter. S'il a envie d'en parler, il craint les conséquences négatives pour sa famille et l'agresseur sexuel, car, ne l'oublions pas, la plupart des enfants connaissent leur agresseur et ils l'aiment. C'est de cette relation de confiance que l'agresseur sexuel profite. Il mise également sur les cadeaux et les récompenses. L'enfant se sent alors honteux de dévoiler les agressions sexuelles, car il a accepté des cadeaux, ce qui, à ses yeux, signifie qu'il était consentant, même si ce n'était pas le cas. Plusieurs enfants qui sont agressés sexuellement étaient au préalable des enfants vulnérables que l'agresseur sexuel a su repérer. Les cadeaux en argent, en jouets ou même en activités pouvaient être ardemment désirés par l'enfant, d'où son sentiment de culpabilité.

Une fois adulte, la personne qui a été agressée quand elle était enfant a généralement un discours culpabilisant : « Mais je recherchais de l'attention, de l'affection. » « Sexuellement, j'ai eu des sensations, donc j'ai dû aimer ça. » « J'aurais dû me défendre, j'étais un gars quand même ! » Pour l'enfant que vous étiez, dénoncer les agressions sexuelles que vous subissiez était très difficile. Vous aviez probablement peur de ne pas être cru, car c'est bien souvent la parole de l'enfant contre celle de l'adulte et beaucoup de gens ont tendance à croire davantage l'adulte. Même si on croit l'enfant, il n'est pas rare qu'il soit tout de même tenu pour responsable des abus sexuels, même par sa famille. Les personnes de l'entourage ont du mal à concevoir que quelqu'un qu'elles aiment et en qui elles ont confiance ait pu commettre des gestes pareils. Devant l'invraisemblance de la situation, elles prennent parfois la défense de l'adulte accusé, ce qui ne fait qu'augmenter le sentiment de culpabilité chez l'enfant.

Stéphane consulte à 35 ans. Il a été agressé sexuellement par son oncle de l'âge de 8 à 12 ans. Son oncle était marié et père de trois enfants. Encore aujourd'hui, Stéphane est blâmé par les siens. Il est homosexuel et les membres de sa famille lui répètent constamment qu'il est responsable des relations sexuelles qu'il a eues avec son oncle (voyez ici qu'ils n'utilisent pas le mot « agressions »), que c'est lui qui a séduit son oncle, puisqu'il est homosexuel et que son oncle est un père de famille hétérosexuel. Stéphane culpabilise beaucoup et se déprécie sans cesse.

Dans le meilleur des scénarios, l'enfant est cru et des démarches sont entreprises pour le protéger. La famille peut éclater et l'enfant s'en sent responsable. Il faut alors lui faire comprendre que ce n'est pas parce qu'il a parlé que la famille a éclaté, mais bien à cause des gestes commis par l'agresseur sexuel. Bien entendu, ce dernier essaiera de rendre l'enfant responsable des conséquences légales et sociales qu'il subira. Pour toutes ces raisons, il est aisé de comprendre pourquoi, enfant, vous avez peut-être choisi de garder le silence.

La culpabilité destructrice

Toute cette culpabilité portée pendant des années a peut-être eu des conséquences dévastatrices dans votre vie. Elle vous a certainement amené à vous dévaloriser. Sans parfois vous en rendre compte, il se peut que vous vous dénigriez. En fait, c'est le discours de votre agresseur sexuel que vous avez enregistré. Ses propos culpabilisants ont fini par vous faire accepter le blâme. Vous croyez que vous êtes responsable des gestes commis par votre agresseur ou que l'abus sexuel a duré longtemps parce que vous ne l'avez pas dit assez rapidement. N'oubliez pas que c'est souvent par culpabilité que vous avez gardé le silence ; ne vous culpabilisez donc pas de l'avoir gardé. Votre famille est déchirée et plusieurs personnes ne se parlent plus parce que vous avez dénoncé les abus sexuels, pensez-vous. Vous savez quelque part que c'est faux, que le seul coupable est l'agresseur, mais son discours et celui des personnes de votre entourage vous ont fait douter.

Cette culpabilité étant lourde à porter, les victimes d'agression sexuelle cherchent à l'alléger, mais leur esprit ressasse sans cesse la situation. Pour fuir de telles pensées, plusieurs consomment de l'alcool ou de la drogue. Cela leur permet d'oublier un instant, mais les souvenirs reviennent et la souffrance est toujours présente. Alors, ces personnes prennent encore de l'alcool ou de la drogue et, ainsi, une dépendance s'installe. D'autres victimes sont conscientes qu'elles ne peuvent échapper à leurs pensées. Pour en finir avec la culpabilité, elles se punissent. Elles adoptent des comportements et des attitudes qui visent à expier cette culpabilité. Le summum est sans aucun doute l'automutilation, la tentative de suicide ou le suicide. Mais bien d'autres comportements peuvent aussi servir de punition, de manière plus subtile : ne pas se donner le droit d'être en relation, ne pas se donner la chance d'être heureux, ne pas croire qu'on peut se sortir d'une situation d'emploi précaire, etc. Rappelez-vous que la seule personne à punir est l'agresseur. En ce sens, plusieurs victimes ont cessé de se punir quand elles ont retourné le combat contre l'agresseur en entamant des procédures légales. Contrairement à ce que plusieurs pourraient croire, ce n'est pas dans un esprit de vengeance, mais dans un esprit de justice, ce qui est bien différent.

L'utilité de la culpabilité

Si la culpabilité est si destructrice, comment se fait-il que les victimes en ressentent même après s'être dit que ça ne leur apportait rien ? Peut-être parce que, justement, elle a son utilité… La culpabilité a pu vous permettre, dans un premier temps, de préserver la relation avec l'agresseur. Ce parent, ce frère, cet oncle, ce cousin, ce grand-parent, cet entraîneur, ce voisin, cet enseignant, cet ami de la famille, il comptait pour vous, avant les abus sexuels. Il comptait probablement aussi pour vos parents. Donc, en vous désignant comme coupable, vous pouviez continuer d'aimer cette personne malgré les abus sexuels qu'elle vous avait fait subir. La culpabilité a permis et permet peut-être encore aujourd'hui de donner un sens aux événements qui, autrement, n'en auraient pas. Nous cherchons souvent à comprendre pourquoi certaines choses arrivent, dans l'espoir de mieux les accepter et passer à travers. Or, vous culpabiliser vous permet de penser que c'est parce que vous avez accepté d'aller chez votre voisin qu'il vous a agressé sexuellement. Bien sûr, ce raisonnement ne tient pas la route, mais il vous donne l'illusion de pouvoir vous protéger des prédateurs sexuels. En vous convainquant que les agressions sexuelles subies sont de votre faute, il vous est aisé de croire qu'en modifiant ce qui constitue, selon vous, les motifs de l'agression sexuelle, vous vous protégez de celles qui pourraient arriver par la suite. Cela vous empêche de vous sentir impuissant et vous laisse croire que vous avez une certaine maîtrise, un certain pouvoir sur les événements, ce qui est faux.

Karine avait 20 ans lorsqu'elle a été agressée sexuellement en rentrant chez elle à pied après le travail, vers 22 h. Étant serveuse, elle portait une jupe droite et des talons hauts. Aujourd'hui, Karine travaille uniquement de jour et se change toujours avant de quitter le restaurant. Elle rentre chez elle avec des chaussures de sport et des jeans. Elle croit ainsi se protéger d'une agression.

Ce qui dérange, dans l'histoire de Karine, c'est toute la culpabilité qu'on devine au travers des changements qu'elle a effectués dans ses habitudes de vie. Elle croit qu'elle s'est fait agresser sexuellement parce qu'elle marchait tard le soir, parce qu'elle avait une allure féminine. Changer son horaire de travail et son habillement lui donne un faux sentiment de sécurité. Sa culpabilité est une protection qui l'empêche de vivre constamment dans la peur d'être à nouveau victime. Or, la réalité est tout autre. La plupart des agressions sexuelles ont lieu en fin d'après-midi et non dans la soirée. Les victimes n'ont pas un habillement type. Certaines portent des jupes ; d'autres, des pantalons. Des joggeuses se font agresser sexuellement ; elles ont pourtant une allure plus sportive. On est loin de la jupe et des talons hauts de Karine. Bref, peu importe la situation dans laquelle a eu lieu l'agression sexuelle, ressentir de la culpabilité n'apporte qu'un faux sentiment de sécurité, mais ne protège en rien la victime du risque de vivre d'autres agressions sexuelles.

Finalement, la culpabilité vous empêche de ressentir de la colère envers l'agresseur, mais aussi à l'égard de la vie, car la seule personne à blâmer, croyez-vous, est vous-même. Or, cette colère est toujours là, mais elle est tournée vers vous-même, ce qui entraîne une profonde tristesse, un manque d'estime de soi et, dans certains cas, une sévère dépression. Comme mentionné plus haut, la colère peut aussi vous conduire à vous punir en vous privant de belles réalisations ou, même, à vous automutiler.

Pourquoi n'ai-je pas fait ceci ou cela ?

Lorsqu'un événement difficile, voire traumatisant, se produit, on a souvent tendance à se figer et c'est par la suite, avec le recul, qu'on se dit : « Oh ! J'aurais dû faire ceci, j'aurais dû dire cela. » Il est beaucoup plus facile d'analyser les choses une fois qu'elles sont passées. Dans le cas de votre agression sexuelle, peut-être croyez-vous que les choses auraient été différentes si vous aviez vous-même réagi autrement. En étant convaincu de cela, vous vous jugez responsable de la tournure de l'agression sexuelle et peut-être même du fait que ce soit arrivé. Comme nous l'avons déjà vu, même si cela vous donne un sentiment temporaire de contrôle, une certaine reprise de pouvoir parce que vous croyez que vous pouvez à l'avenir vous en prémunir, c'est une illusion. Une agression sexuelle peut arriver à n'importe qui, dans n'importe quel contexte. Le sentiment illusoire de protection que vous ressentez n'est en rien comparable aux aspects destructeurs du sentiment de culpabilité que vous entretenez. Enfin, vous ne pouvez savoir comment les choses se seraient passées si vous aviez agi différemment. Ce ne sont que des suppositions, et entretenir des suppositions, c'est éviter d'affronter la réalité, aussi douloureuse soit-elle.

Un pas en avant

Remettre la responsabilité à l'agresseur

J'espère qu'au fil de ce chapitre, vous avez compris que la culpabilité que vous ressentez ne vous mène à rien, sinon à une lourdeur émotionnelle et à des comportements punitifs. Il est essentiel que vous appreniez à remettre la responsabilité à la bonne personne, c'est-à-dire l'agresseur. C'est lui qui a abusé de votre confiance, qui vous a trahi, qui a fait passer ses besoins avant les vôtres, qui n'a pas tenu compte de votre non-consentement ou, encore, qui a profité de votre vulnérabilité. Lui rendre la responsabilité de ses actes, c'est aussi admettre que, peu importe ce que vous auriez pu dire ou faire, les choses n'auraient probablement pas été différentes. C'est accepter qu'il s'agit d'un choix qu'il a fait et que cela aurait pu être vous comme quelqu'un d'autre. Vous n'avez pas choisi d'être sa victime. Redonner à l'agresseur la responsabilité de ce qu'il a fait, c'est aussi lui reconnaître des intentions et, peut-être, remettre en question la relation que vous aviez avec lui avant que l'agression se produise, dans le cas où vous le connaissiez. Finalement, c'est accepter qu'il n'y a aucune garantie que vous ne serez pas à nouveau victime d'une agression sexuelle au cours de votre vie. Attention, cependant, à ce que la peur ne prenne pas le relais.

Pour emprunter le chemin de la guérison, il vous faut aussi admettre que vous avez fait ce que vous avez pu dans le contexte de vie où vous étiez, lors de l'agression sexuelle que vous avez subie et, bien entendu, par la suite. Dans votre enfance, peut-être vos parents étaient-ils négligents ou absents, ce qui vous a amené à rechercher de l'amour et de l'attention auprès d'autres adultes. Les carences affectives nous suivent longtemps. Même adulte, peut-être avez-vous cherché du réconfort auprès de personnes qui ont su tirer avantage de votre vulnérabilité. Lors d'une agression sexuelle, la vulnérabilité déjà présente en vous prend toute la place. Comment réagir ? Plusieurs victimes se figent, puis s'en veulent de ne pas s'être défendues ; or, ne pas se défendre, laisser l'agression suivre son cours est un mécanisme de protection en soi, pour éviter que les choses ne s'aggravent, pour que ça finisse au plus vite parce qu'à ce moment-là, ce qui compte le plus, c'est leur survie ! Et pendant leur agression sexuelle, bien des personnes ont eu peur de mourir. En fait, bien souvent, une partie d'elles-mêmes est morte ce jour-là et elles devront en faire le deuil (voir le chapitre 8).

Vous êtes sur le chemin de la guérison et il vous faudra, pour vous débarrasser une fois pour toutes de cette culpabilité, vous pardonner, si vous vous faites des reproches. Pardonnez-vous d'avoir été au mauvais endroit au mauvais moment, d'avoir cru en la bonté humaine, d'avoir eu foi en un adulte de votre entourage, d'avoir cru qu'on pouvait vous aider et vous aimer sans profiter de vous, bref, pardonnez-vous ce que vous croyez avoir à vous pardonner, car lorsqu'on y réfléchit bien, vous n'avez rien du tout à vous pardonner !

L'écriture qui guérit

Écrire et prendre le temps de réfléchir peuvent vous aider à vous départir de votre culpabilité.

1. Je vous propose tout d'abord de faire la liste de tous les blâmes que vous vous faites et de transformer chacun d'eux en une affirmation positive.
   - Premier exemple : « Si je n'étais pas allé chez lui, cela ne se serait pas produit. » Cette assertion devient : « Savoir faire confiance est une condition essentielle de la nature humaine. Je dois réapprendre à faire confiance et, surtout, à me faire confiance. »
   - Deuxième exemple : « J'aurais dû parler avant. Ainsi, il n'aurait pas fait d'autres victimes. » Cela devient : « À partir de maintenant, je me choisis. Je suis une belle personne et je prends les décisions en tenant compte de mon bien-être. »
2. Repassez dans votre tête le contexte de l'agression sexuelle et départagez en deux colonnes ce qui vous appartient et ce qui ne vous appartient pas. Une fois l'exercice terminé, réécrivez chaque phrase se trouvant dans la colonne « Ce qui m'appartient » de façon à pouvoir la mettre dans la colonne « Ce qui ne m'appartient pas ». Par exemple, si vous avez écrit la phrase qui suit dans la colonne « Ce qui m'appartient » : « J'ai fait du stop pour rentrer chez moi tard le soir et je suis montée avec un inconnu », vous la reformulez ainsi : « Un agresseur sexuel a vu en moi une occasion lorsqu'il m'a aperçue en train de faire du stop. » Vous enlevez la première affirmation de votre colonne. À la fin de cette deuxième partie d'exercice, il ne devrait rien rester dans la colonne « Ce qui m'appartient ».

3. L'exercice suivant traite autant de l'agression sexuelle que vous avez vécue que des événements actuels de votre vie. Écrivez une pensée négative, puis, en dessous, remettez-la en question. Par exemple : « Je ne me suis pas débattue quand mon ex m'a forcée à avoir une relation sexuelle avec lui. » Lorsque vous y réfléchissez, cela pourrait donner : « Je ne devrais pas avoir besoin de me débattre, car un homme devrait respecter mes paroles qui expriment mon refus. » Ou encore : « Il est plus imposant que moi et si je ne me suis pas débattue, c'était pour éviter qu'il se fâche et me batte. »

Ces exercices, vous pourrez les refaire car, au fur et à mesure de votre cheminement, vos pensées changeront et vous n'aurez pas à faire face aux mêmes défis. En tant que thérapeute, j'ai souvent ressenti beaucoup de fierté pour mes patients lorsqu'ils relisaient à voix haute leurs premiers exercices et qu'ils ne se reconnaissaient plus dans ces paroles. Ils avaient assurément cheminé. Rappelez-vous que la culpabilité vous maintient dans le passé et, ainsi, vous empêche d'avancer.

Chapitre 4

Sortir de la méfiance, retrouver la confiance

La confiance en soi et en les autres est fortement ébranlée à la suite des agressions sexuelles. Le monde semble hostile. Vous ne savez peut-être plus à qui vous fier. La trahison est d'autant plus grande lorsque l'agresseur est une personne très proche de vous. La méfiance, même si elle doit être dosée, est quand même un facteur de protection. Elle vous permet la prudence dans vos relations.

La trahison, un coup d'épée

Les gestes d'agression sexuelle commis envers vous ont soulevé bien des questionnements dans votre tête, par exemple: «À qui la faute?», comme nous l'avons vu dans le chapitre précédent. Si vous avez réussi à remettre la responsabilité de ces actes à votre agresseur, il s'en est probablement suivi un sentiment de trahison.

Mélinda a 40 ans. Elle a été agressée sexuellement par son beau-père de l'âge de 12 à 15 ans. Cet homme est entré dans la vie de sa mère et dans la sienne alors qu'elle n'avait que sept ans. Son père avait quitté le domicile familial pour une autre femme, et Mélinda ne l'avait jamais revu. Même si elle lui en voulait terriblement de les avoir ainsi abandonnées, il lui manquait. Lorsque sa mère a fait la connaissance de son beau-père, deux ans plus tard, Mélinda a eu de la difficulté à lui faire confiance. Et s'il les abandonnait, lui aussi ? Mais son beau-père a tenu bon et, après quelques mois, Mélinda s'est considérablement attachée à lui. Ils faisaient beaucoup d'activités ensemble et son beau-père la traitait comme une petite princesse. Quand le corps de Mélinda s'est mis à se transformer, le regard de son beau-père a changé, puis, peu à peu, il a commencé à commettre des gestes à caractère sexuel à son égard. Mélinda ne savait pas quoi penser. Elle avait peur qu'il parte, alors elle a attendu avant de le dénoncer. Son beau-père jouait effectivement sur sa peur de l'abandon, blessure qui venait du départ de son père. Avec le recul, Mélinda comprend combien son beau-père l'a manipulée pour arriver à ses fins, utilisant habilement ses blessures d'abandon et la confiance qu'elle avait mise en lui. Même s'il a tenté à plusieurs reprises de la culpabiliser, Mélinda ne l'a jamais cru. Elle se demande aujourd'hui quel est le pire : vivre avec une culpabilité qui ne nous appartient pas ou avec un sentiment profond de trahison qui nous empêche de bâtir une relation saine et profonde.

Il est bien difficile de répondre à cette question. Chaque victime porte ses propres blessures. La culpabilité peut vous conduire à vous dévaloriser, à vous haïr même, et à vous punir en faisant de l'autosabotage, en consommant de l'alcool ou de la drogue et en ayant des comportements destructeurs. Le sentiment de trahison vous laisse un goût amer des relations interpersonnelles. Il vous amène à vous replier sur vous-même. Une chose est certaine : un enfant qui a été agressé sexuellement par un adulte en qui il avait confiance aura longtemps de la difficulté à faire confiance. Cet adulte devait être là pour prendre soin de lui, le protéger, et non seulement il n'en a rien fait, mais la menace venait en fait de lui.

La réaction de l'entourage peut aussi vous faire vivre un sentiment de trahison. Vous a-t-on cru lorsque vous avez dénoncé votre agresseur ? Parfois, les proches disent croire la victime, mais leurs paroles soulèvent des doutes, des questionnements. Certains sont maladroits, et d'autres, carrément mal à l'aise. Alors, pour diminuer l'intensité des émotions que votre révélation suscite en eux, ils ont tendance à minimiser les gestes commis à votre endroit ou leur impact. « Il n'y a pas eu pénétration, au moins ! » disent-ils par exemple. « C'était pour rire, juste un jeu. » « Passe à autre chose, ça fait 10 ans maintenant ! » Ces personnes ne comprennent pas qu'en dehors de l'acte commis, il y a toute sa signification : réduire l'autre à un objet, sans son consentement et sans égard à son bien-être. Si vos proches ont eu une telle réaction, il est normal de leur en vouloir et de prendre vos distances. L'isolement que vous vivez alors peut être lourd à supporter, mais, pourtant, quelque part, vous vous protégez contre des paroles, des attitudes qui vous remettent en position de victime. Vos proches pensent peut-être faire pour le mieux en vous tirant vers l'avant, mais, en fait, surmonter une agression sexuelle est un processus continu qui demande du temps, de l'énergie et du courage. Très peu de gens sauront respecter votre rythme de guérison. Si vos proches vous font du bien, tant mieux ! Mais si, après avoir parlé avec eux, votre taux d'énergie est plus bas et que vous êtes plus triste ou en colère, il vaut mieux vous éloigner pour un temps et trouver du réconfort auprès d'un professionnel ou d'un groupe de soutien. Maintenir des relations avec un entourage qui minimise ce que vous avez vécu peut vous amener à vous questionner sur vos propres réactions et à vous méfier de votre ressenti.

La méfiance envers soi-même

Souvent, l'agresseur sexuel cherche à installer le doute chez sa victime. Lorsque celle-ci exprime son non-consentement, lui demande d'arrêter, il peut lui laisser entendre qu'elle aime ça, mais qu'elle ne se laisse pas aller, que d'autres personnes aiment ça, même si elles n'osent pas l'avouer. Alors, la victime se met à douter d'elle-même, de ses perceptions et de ses sensations. « Était-ce vraiment une agression ? » « Lui ai-je dit non ? » « Peut-être que je n'ai pas été assez clair ? » « Ça ne m'a pas fait mal. Ce n'est donc peut-être pas si grave ? » Si vous vous êtes mis à questionner ce que vous avez vécu, alors vous avez, sans le vouloir, ouvert une brèche dans votre intégrité. D'autres situations se présenteront, dans votre vie, où vous vous demanderez si votre perception est juste. Vous permettrez à d'autres personnes, sans en être conscient, de remettre en cause votre jugement. Et pourtant, celui qui a manqué de jugement, c'est l'agresseur, lui seul. Puisque vous ne connaissiez pas ses intentions, vous ne pouvez vous blâmer de ne pas avoir réussi à vous prémunir d'une telle agression. Ne laissez personne, parmi les gens de votre entourage, vous faire croire que votre jugement est inadéquat. À votre place, ils n'auraient pas su mieux quoi faire. Il est toujours aisé, lorsqu'une situation ne nous est pas arrivée, de se poser en juge et de dire que nous aurions fait mieux. Vos perceptions étaient teintées de vos propres intentions et non de celles de l'agresseur.

L'agresseur et l'entourage peuvent aussi vous faire croire que vous avez de la difficulté à savoir ce que vous voulez et ne voulez pas.

Sonia avait 13 ans quand le nouveau conjoint de sa mère est venu habiter avec elles. Ils sont rapidement devenus très proches, au point que la mère de Sonia était jalouse. Cette dernière ne prenait pas la situation au sérieux, car elle voyait dans les taquineries de son beau-père de la simple camaraderie. Puis il lui a fait des attouchements et l'a violée à deux reprises. Lorsque Sonia lui a raconté ce qui s'était passé, sa mère l'a chassée de chez elle en l'insultant et en la blâmant de tenter de lui voler son conjoint. Sonia était dévastée. À la rue, elle a rencontré un copain qui a accepté de l'héberger. Toutefois, celui-ci est vite devenu violent avec elle. Sonia s'est mise à se prostituer, à la demande de son copain. À 15 ans, elle avait, bien malgré elle, un lourd passé.

La confiance est tout à fait normale chez les enfants et les adolescents. Un adulte ne peut se servir de cette confiance pour satisfaire ses propres envies. Ne vous laissez pas convaincre que c'est ce que vous vouliez. Peut-être recherchiez-vous de la tendresse, de l'affection, de l'amour, mais certainement pas de la façon que les adultes le vivent ! Plusieurs victimes m'ont raconté qu'elles se croyaient en sécurité avec leur agresseur alors que ce n'était pas le cas. Elles remettent donc en question leur discernement. Sachez que les agresseurs sexuels sont de fins manipulateurs et qu'il est bien difficile de deviner leurs intentions. Aujourd'hui adulte, ayez confiance en vous, car vous seul savez ce que vous voulez et ne voulez pas. Peut-être craignez-vous tout de même de vous faire à nouveau manipuler dans vos relations ultérieures sans vous en apercevoir. Cette peur suscitera par conséquent une plus grande méfiance envers les autres.

La méfiance envers les autres

Il vous est probablement arrivé plus souvent qu'à votre tour de ressentir une certaine méfiance envers les autres. En fait, pour plusieurs victimes, il semble que la confiance se polarise en deux extrêmes : ou bien on fait confiance à tout le monde, ou bien on se méfie de tout le monde. Comme il est pratiquement impossible de faire confiance aveuglément après avoir subi une agression sexuelle, vous êtes sans doute tombé dans la méfiance. Cette méfiance à l'égard des autres a un rôle de protection. C'est un peu comme une lumière jaune qui vous indique en permanence la présence d'un danger potentiel. Cela vous rappelle que vous avez déjà été piégé… et que vous pouvez l'être encore ! Mais la méfiance n'est pas qu'une protection. Elle amène en outre son lot de problèmes. Elle vous empêche de demander de l'aide quand vous en avez besoin, par exemple, car cela vous mettrait dans un état de vulnérabilité, ce que vous voulez éviter à tout prix ! Elle vous pousse aussi à vous fier seulement à vous-même, car, de cette manière, vous ne serez pas déçu ! Par contre, vous vous privez ainsi du bonheur de côtoyer les autres et de créer des liens avec eux, ce qui constitue une grande richesse…

De qui vous méfiez-vous en particulier ? Des gens que vous rencontrez pour la première fois ? Ici, il convient de prendre votre temps afin d'avoir des impressions et d'exercer votre jugement. Je sais bien que, par le passé, vous avez été trompé et que vous remettez donc en question votre jugement, mais vos impressions ne seront pas uniquement basées sur des observations logiques, mais également sur des sentiments, sur votre intuition. Car il arrive parfois que quelqu'un nous inspire un mouvement de recul, un sentiment négatif, sans qu'on sache véritablement pourquoi. Si c'est le cas, ne tentez pas de rationaliser. Soyez simplement à l'écoute. Il se peut par ailleurs que vous vous méfiiez des figures d'autorité. Cela sera davantage le cas si votre agresseur était en position d'autorité, par exemple un professeur, un entraîneur ou même un professionnel dont vous étiez le patient. Vous remettrez alors certainement en question le rôle même des figures d'autorité. Vous pourriez être tenté de vous rebeller et de transgresser des interdits en faisant un pied de nez aux autorités. En fait, vous contestez la notion même d'autorité, mais ce n'est qu'une façon de vous opposer à cette personne qui jadis était en situation d'autorité et qui a abusé de son statut pour profiter de vous...

Peut-être que vous êtes davantage sur vos gardes avec les gens que vous aimez. Vous analysez leurs faits et gestes, vous écoutez attentivement leurs paroles, à la recherche de contradictions ou d'intentions douteuses. Vous ne croyez pas en leur générosité à votre endroit. Vous vous demandez ce qu'ils espèrent en retour, car quelqu'un vous a mis dans la tête, en vous agressant, que rien n'est gratuit et que les gens attendent bien souvent quelque chose en retour. Cela peut s'avérer particulièrement vrai si votre abuseur était une personne que vous connaissiez et en qui vous aviez confiance. Il devient alors bien difficile d'établir une relation intime qui soit vraie et profonde avec une autre personne, car la peur de la trahison est présente chez vous.

Les répercussions sur les relations intimes

Afin de développer une relation intime durable, il est important de nous dévoiler à l'autre, avec nos forces et nos faiblesses. Or, exposer vos faiblesses, c'est aussi vous rendre vulnérable. Être vulnérable vous fait probablement peur et il est tout à fait normal de fuir lorsqu'on a peur ; c'est un réflexe d'autoprotection. Cependant, quand on refuse de se montrer vulnérable, il devient difficile de nouer des liens profonds d'amitié et de bâtir une relation de couple.

? *Dois-je parler de l'agression sexuelle que j'ai subie à la personne que j'aime ?*

La réponse à cette question ne peut pas être unique. Par contre, une chose est certaine : vous n'en avez pas l'obligation. La question ne devrait donc pas être de savoir si vous devez en parler à la personne que vous aimez, mais si vous voulez le faire. Dévoiler cette partie de votre vie vous amènera sans doute à revisiter des souvenirs que vous n'avez sûrement pas envie de ressasser. Répondre aux questions de l'autre ne sera peut-être pas aisé non plus. Toutefois, cela peut être bénéfique, car il pourrait alors mieux comprendre certains de vos sentiments et comportements. Gardez en tête que la réaction de l'être aimé peut ne pas être celle que vous attendiez. Vous pourriez être déçu en premier lieu face à son incrédulité, par exemple. Celle-ci peut réveiller une vieille blessure en vous si vos proches ne vous ont pas cru lorsque vous leur avez révélé que vous aviez été agressé sexuellement. La tristesse peut laisser place à la colère que vous n'avez peut-être pas pu exprimer à l'époque. Soyez conscient du fait que ce n'est pas à votre partenaire que vous en voulez en tant que tel, mais plutôt aux premiers adultes à qui vous vous êtes confié par le passé et qui ne vous ont pas cru, comme vos parents, tandis que vous étiez enfant. Songez au fait que cela vous a pris du temps pour être là où vous êtes dans votre cheminement. Votre partenaire a aussi besoin de temps pour intégrer cette partie de votre vécu et vous soutenir par la suite.

Il m'est arrivé de recevoir dans mon bureau des couples dont une des deux personnes avait été agressée sexuellement et souhaitait le dire à son partenaire en présence d'un thérapeute qui puisse récupérer la situation et les accompagner dans un cheminement. La souffrance peut être grande également pour votre partenaire qui apprend que la personne qu'il aime a vécu des choses si difficiles. Votre partenaire peut en outre aller chercher de l'aide s'il en ressent le besoin, car vous ne serez peut-être pas en mesure d'accueillir sa peine.

Dans la relation de couple, la méfiance peut se manifester jusque dans votre sexualité. Certaines personnes qui m'ont consultée avaient de la difficulté à accepter la gentillesse et l'affection de leur partenaire. Elles avaient l'impression que ce n'était que des tactiques visant à obtenir quelque chose d'elles : leur corps. Comme si la sexualité se monnayait. C'est que, souvent, dans les agressions à caractère sexuel, l'agresseur instaure ce type de relation. Il donne de l'attention, de l'affection parce qu'il attend en retour des contacts sexuels. Si c'est ce que vous avez vécu, il est aisé de comprendre que vous vous méfiiez des intentions réelles de votre partenaire lorsqu'il est gentil et avenant. Vous est-il même déjà arrivé de saboter votre relation et l'intimité qui en découle par méfiance envers votre partenaire ? Si la relation est froide et chaotique, vous auriez donc toutes les raisons du monde de vous méfier ? Comme vous pouvez le constater, vouloir se protéger est tout à fait compréhensible, mais ô combien nuisible à une relation de couple qu'on veut solide, aimante et intime. La confiance est quelque chose qui se bâtit graduellement, mais qui se perd facilement. Après ce que vous avez vécu, il n'est pas facile de faire confiance à nouveau. Sans confiance, par contre, il est impossible de bâtir des relations profondes avec les autres. Réapprendre à faire confiance peut commencer avec son thérapeute.

Choisir son thérapeute n'est pas une tâche facile. Plusieurs s'affichent comme « experts », mais la plus grande qualité recherchée est la compassion. Après votre passé de victimisation, vous avez besoin d'un thérapeute qui vous croira sur parole, même si votre histoire paraît invraisemblable. L'expérience cumulée au fil des années m'a démontré que des histoires sordides, des agresseurs sans scrupules, de la souffrance humaine, il y en a, sous des formes à peine imaginables. Les patients me demandent souvent : « Est-ce que vous me croyez ? » À cette question, on peut seulement donner une réponse affirmative si on veut favoriser l'établissement d'un lien de confiance et une amorce de guérison.

Un pas en avant

S'affronter soi-même

Le premier travail à faire est sur vous-même, avant même de penser à travailler sur vos relations avec les autres. Tout d'abord, il vous faut éviter d'accorder trop d'importance à ce que les autres pensent. Ayez confiance en votre jugement, en vos perceptions ; si vous n'êtes pas sûr, jouez de prudence. Peut-être que certaines personnes vous considéreront comme trop prudent, trop méfiant, mais qu'à cela ne tienne ! La première personne avec qui vous devez établir une relation de confiance est vous-même. C'est le plus beau cadeau qui soit et, ensuite, personne ne pourra vous l'enlever.

Se faire confiance est essentiel, mais ça n'enlève pas nécessairement les peurs dans vos relations interpersonnelles : peur d'être rejeté, peur d'être trahi ou utilisé. Vous avez tenté de raisonner vos peurs par le passé et ça n'a pas marché ? C'est tout à fait normal, car les peurs ne se raisonnent pas ; elles se vivent et se ressentent. Il n'est pas toujours possible de se débarrasser de ses peurs, mais on peut les réduire. Je vous suggère, pour ce faire, de vous y exposer. Être confronté à vos peurs vous fait peur ? Bien sûr. Nous débuterons donc par un affrontement imaginaire. En premier lieu, écrivez une liste de vos peurs : la peur de rencontrer de nouvelles personnes, la peur de dire non, la peur d'être ridiculisé, la peur d'être à nouveau agressé, etc. Puis classez vos peurs de la plus légère à la plus intense.

Commencez l'exercice avec votre peur la moins intense. La première fois, accordez-vous 45 minutes. Assurez-vous de ne pas être dérangé ni bousculé par le temps. Idéalement, vous devriez n'avoir rien à faire d'important après votre séance, sauf prendre soin de vous. Faites d'abord l'exercice de relaxation présenté au chapitre 1. Cela devrait vous prendre de 20 à 30 minutes. Par la suite, gardez les yeux fermés et imaginez que vous vous trouvez avec des gens dans une situation qui vous fait ressentir votre peur la moins intense. Par exemple, vous craignez de ne pas être en mesure de prendre la parole dans un groupe d'échange. Visualisez-vous dans ce groupe. Prenez le temps de voir dans votre tête toutes les personnes qui en font partie. Entendez-les parler, voyez-les interagir. Puis pensez à la personne la plus facilitante du groupe. Regardez-la. Lorsqu'elle vous retourne votre regard, parlez-lui. Elle vous écoute, vous regarde. Vous avez son attention. Peu à peu, votre nervosité s'en va. Vous discutez un peu. Vous vous sentez bien. Vous la remerciez pour votre échange et vous la quittez. Tranquillement, vous videz votre esprit et vous ne faites que des respirations lentes et profondes. Vous pouvez terminer l'exercice en imaginant quelque chose d'apaisant pour vous, un paysage ou un animal, par exemple. Lorsque vous êtes calme, ouvrez les yeux et reprenez tranquillement contact avec ce qui vous entoure. Vous avez passé de 5 à 10 minutes à visualiser la situation et à la vivre en imagination. Puis encore cinq minutes à retrouver votre calme en respirant profondément et en visualisant quelque chose de serein. Peu importe le scénario que vous choisirez, visualisez toujours une aide qui s'offre à vous, quelque chose qui vous fait avancer, que ce soit une personne, un contexte ou un endroit. Vous pouvez répéter l'exercice deux ou trois fois par semaine jusqu'à ce que vous vous sentiez rassuré. En commençant par la peur la plus légère, vous reprenez confiance en votre capacité à faire face aux défis et à les relever. Quand vous vous sentez prêt, vous pouvez faire le même exercice d'exposition, en imagination, avec la deuxième peur. Plus vous avancez dans vos peurs, plus je vous recommande d'en discuter avec un thérapeute qui saura vous accompagner dans votre démarche.

Avec les autres… pas à pas

L'isolement est probablement votre pire ennemi. Pour créer des liens, il est indispensable de faire confiance à nouveau, mais encore faut-il choisir des personnes de confiance pour mettre sur pied un bon réseau de soutien. Ce réseau devrait inclure un thérapeute qui sache écouter et vous accompagner dans votre démarche. Vous établirez un lien de confiance s'il demeure le même pendant un certain temps. Vous pouvez avoir recours à différentes ressources. Ensuite, pensez aux personnes qui vous entourent et demandez-vous lesquelles sont dignes de confiance. Lesquelles ont fait leurs preuves ? Lesquelles vous écoutent et sont disponibles pour vous ? Lesquelles vous acceptent tel que vous êtes ? Ces personnes sont généralement peu nombreuses et d'une valeur inestimable. Prenez-en soin ! Finalement, petit à petit, créez de nouvelles relations. Pour ce faire, fréquentez des groupes, inscrivez-vous à des activités que vous aimez. Cela vous aidera à rencontrer des gens qui partagent des intérêts similaires aux vôtres. Que vous ayez affaire à une personne que vous connaissiez déjà ou à quelqu'un que vous avez rencontré récemment, ne donnez pas votre confiance aveuglément. Si vous pensez pouvoir lui faire confiance, allez-y doucement, pas à pas ; ne vous révélez pas trop vite. Même si vous ne pouvez jamais être totalement certain, vous devriez pouvoir vous affirmer sans craindre de perdre les personnes qui vous entourent, vous ouvrir sans avoir peur de leur réaction, vous sentir bien avec elles. Votre confiance est quelque chose de très précieux que vous choisissez de donner à l'autre. Si vous ne vous sentez pas en confiance avec une personne ou que la relation ne vous semble pas réciproque, vous pouvez prendre vos distances avec elle et la garder comme simple connaissance dans votre vie. Votre confiance vous appartient. Vous pouvez la donner ou la reprendre quand vous voulez.

C'est avec un bon réseau de soutien que vous pourrez, progressivement, affronter vos peurs dans la réalité. Comme dans l'exercice où vous les affrontez en imagination par ordre d'importance, vous pouvez commencer à les affronter dans la réalité la plus légère, à condition d'être bien entouré et en confiance. Bien sûr, le contexte ne sera pas le même que celui que vous aviez imaginé dans l'exercice, mais, au moins, votre peur est maintenant moins grande et, grâce à cela, vous vivrez la situation avec beaucoup plus de confiance et de lâcher-prise. Essayez de mettre toutes les chances de votre côté en étant reposé et dans un environnement sécuritaire. Après cette expérimentation, faites le point avec vous-même pour évaluer comment les choses se sont passées. Au besoin, avant d'expérimenter votre scénario, parlez-en à un thérapeute ou à une personne de confiance, dans votre entourage. Cette écoute pourra vous être grandement utile en vous apaisant à l'avance et en confirmant votre choix de la peur que vous désirez affronter. Je répète que vous devez absolument commencer avec vos peurs les moins importantes et ne jamais vous mettre en danger, que ce soit psychologiquement ou physiquement. Le mieux est encore d'explorer vos peurs avec un thérapeute qui s'assurera avant tout de votre sécurité.

L'écriture qui guérit

Je vous propose ici trois exercices d'écriture qui vous aideront à retrouver une certaine confiance en vous et en l'autre.

1. Complétez la phrase suivante : « Faire confiance à quelqu'un, c'est... » Cela vous aidera à déterminer ce dont vos relations ont besoin pour durer et vous permettre de vous épanouir en tant que personne. N'oubliez pas : sans confiance, une relation peut difficilement survivre !
2. Chaque fois que vous aurez un doute sur vous-même, vos pensées, vos émotions ou votre jugement, notez-le ! Puis, en dessous, vous pouvez écrire : « Je me fais confiance. Je suis la personne qui sait le mieux ce dont j'ai besoin. »
3. Afin de développer une confiance en vous et en votre potentiel, énumérez des objectifs réalistes. Pour chacun d'eux, écrivez au moins une force que vous avez et qui peut vous permettre d'atteindre cet objectif. Visualiser le résultat vous aidera à y parvenir.

Faire confiance n'est certes pas facile, mais c'est essentiel dans une relation personnelle, qu'elle soit amicale ou amoureuse. Avant de faire confiance, ayez d'abord confiance en vous. C'est un long processus, mais vous pouvez y arriver, un pas à la fois.

Chapitre 5

Apaiser l'anxiété

L'anxiété est une des conséquences les plus fréquentes chez les victimes d'agression sexuelle et aussi une des plus durables. Une des manifestations les plus courantes de l'anxiété chez une victime est la peur que l'agression se reproduise. La victime a alors tendance à éviter les personnes, les lieux ou les situations qui lui font penser à l'agression.

Heureusement, il est rare que l'anxiété soit présente en permanence ; sinon, ce serait rapidement invivable. Elle survient comme une bouffée, à des moments où vous ne vous y attendez pas forcément. Si vous y songez, elle se manifeste surtout s'il y a quelque chose qui vous rappelle l'agression sexuelle, que ce soit un événement, une personne, un objet, un lieu, une odeur, un bruit ou une situation. Ce lien n'est, par contre, pas toujours conscient. En effet, plusieurs victimes ont enfoui dans leur mémoire une partie des faits entourant l'agression sexuelle. Les réactions d'anxiété agissent alors comme un rappel, une évocation ; le corps, lui, n'a pas oublié. L'anxiété vous maintient dans un état d'hypervigilance continuel. Même si c'est épuisant, cela a pour fonction de vous protéger.

Lorsque des symptômes d'anxiété se manifestent, c'est comme une sonnette d'alarme qui vous met en garde et vous conseille de vous protéger. Il n'est donc pas aisé de s'en départir, car même si elle est difficile à vivre, il s'agit d'une alliée de taille pour plusieurs, un peu comme un ange gardien...

Les multiples visages de l'anxiété

L'anxiété peut être plus présente si vous êtes dans un état émotionnel fragile. Comme elle est une forme de protection face au danger que votre inconscient détecte, vous pouvez aisément comprendre pourquoi elle se manifeste davantage lorsque vous êtes déjà vulnérable. Par contre, si vous bénéficiez d'un bon soutien social actuellement tout comme à l'époque de l'agression sexuelle, vous aurez moins de symptômes d'anxiété que d'autres qui étaient et sont encore plus isolés.

L'anxiété peut prendre différentes formes. Elle est parfois généralisée. Dans ce cas, tout est susceptible de devenir source d'anxiété, tant dans le domaine personnel que professionnel. L'anxiété généralisée peut se manifester davantage dans des situations où la personne a peu ou pas de contrôle. Inconsciemment, ce sentiment la replonge dans celui qu'elle a vécu durant l'agression sexuelle.

L'anxiété peut se répercuter sur le niveau de concentration, et donc sur le rendement scolaire ou professionnel. Physiquement, elle entraîne différents symptômes : maux de tête, étourdissements, nausées, fatigue physique due à l'insomnie, sudation, tremblements, augmentation du rythme cardiaque, serrements à la poitrine, ou problèmes gastro-intestinaux. Dans une période de votre vie où l'anxiété est plus présente, vous pourriez avoir de la difficulté à prendre des décisions et à accomplir vos tâches habituelles. Cela peut être particulièrement irritant si vous êtes de nature performante. L'anxiété paralyse et risque de ramener des souvenirs de l'agression sexuelle ou à tout le moins des sentiments qui y étaient associés. C'est la peur de ne pas savoir, de ne pas avoir le contrôle, d'être impuissant et sous l'emprise d'une autre personne qu'éprouvent la grande majorité des victimes lors de l'agression. C'est pourquoi beaucoup d'entre elles ressentent de l'anxiété lorsqu'elles se retrouvent face à un individu qui est en position d'autorité comme un employeur, un enseignant ou même quelqu'un qui a une autorité légale comme un policier ou un juge.

L'anxiété prend aussi à l'occasion la forme de crises de panique. Celles-ci peuvent survenir si vous êtes confronté à un élément vous rappelant les agressions sexuelles, sans que vous en ayez nécessairement le souvenir. Habituellement, d'ailleurs, vous ne savez pas tout de suite ce qui a déclenché la crise de panique. Cela prendra parfois plusieurs crises avant que vous ne puissiez en repérer le déclencheur, sans pour autant être nécessairement en mesure de faire le lien entre ce déclencheur et l'agression sexuelle subie. Quels sont les signaux physiques vous indiquant que vous êtes en train de faire une crise de panique ? Des palpitations, des douleurs à la poitrine, des frissons ou encore des bouffées de chaleur, la nausée, des tremblements, des étourdissements, une crise de larmes, de l'hyperventilation. Sur le plan cognitif, la crise de panique peut vous amener à une hypervigilance, dont le but est de vous protéger de ce que votre cerveau perçoit comme une menace à votre intégrité. Mais, le plus souvent, vous ressentirez plutôt de la confusion, qui se manifeste par une difficulté à comprendre ce qui se dit autour de vous, à vous concentrer, à réfléchir et à planifier. Normal ! C'est comme si cet état de panique monopolisait toutes vos énergies afin de retrouver votre équilibre. Il n'en reste plus pour les fonctions cognitives plus complexes… Vous êtes en mode survie ! La crise de panique entraîne même parfois une dissociation, c'est-à-dire un certain détachement de ce qui se passe autour de vous, comme si c'était irréel ou que vous étiez en train de rêver. Vous pourriez avoir l'impression de devenir fou, mais, rassurez-vous, ce sentiment est temporaire. Sur le plan émotionnel, vous vous sentez submergé par la peur et le sentiment d'avoir perdu le contrôle.

La crise de panique a aussi des répercussions sur le comportement : vous pouvez soit resté figé sur place, avoir peur de bouger ou vous sentir proche de l'évanouissement, ou encore avoir une poussée d'adrénaline et vouloir vous sauver. Dans le cas où vous tombez dans un état d'inertie, c'est qu'en fait la menace perçue par votre cerveau vous paralyse, alors que, dans le cas où vous sentez une poussée d'adrénaline, cette menace vous donne la force nécessaire pour vous échapper, même si elle n'est pas tangible.

Il est plutôt rare d'avoir tous ces symptômes à la fois. Retenez simplement que, lors d'une crise de panique, votre cerveau tombe en mode protection, provoquant ainsi une certaine déconnexion psychique.

Finalement, l'anxiété peut prendre la forme de phobies ou de peurs spécifiques. La plus fréquente concerne tout ce qui rappelle le lieu où s'est déroulée l'agression sexuelle: cela peut être chez vous, chez l'agresseur ou chez une personne de l'entourage, dans un lieu public, en plein air... La plupart de mes patientes qui ont été agressées sexuellement à leur domicile ont déménagé par la suite, car l'anxiété était omniprésente. Pourtant, déménager n'a pas tout réglé, car elles continuaient de craindre que l'agresseur les retrouve à leur nouveau domicile ou qu'elles soient encore victimes d'un inconnu entrant par effraction. C'est pourquoi elles m'ont consultée.

Si l'endroit où a eu lieu l'agression sexuelle était plutôt restreint, certaines victimes souffrent de claustrophobie, soit la peur des petits espaces. Lorsqu'elles se retrouvent dans un espace clos, elles ont souvent un sentiment de serrement, voire d'étouffement. Outre le lieu, d'autres caractéristiques de l'agression sexuelle peuvent susciter des peurs. Si vous avez été agressé alors que vous étiez seul, l'anxiété peut se manifester lorsque vous vous retrouvez seul. Si en plus vous l'êtes dans un endroit qui vous rappelle l'agression, votre anxiété risque d'être plus importante. Plusieurs personnes sont déjà dans un état de vulnérabilité lorsqu'elles se font attaquer. Elles dorment, par exemple. Si c'est votre cas, vous pourriez éprouver beaucoup de difficulté à vous endormir. Le sommeil demande un lâcher-prise que vous ne pouvez avoir, car vous tombez dans un état d'hypervigilance, en guise de protection. Votre corps se souvient et refuse de se détendre, aux aguets du moindre bruit. Même si les événements remontent à l'enfance, et que l'agresseur n'est clairement pas chez vous, l'anxiété peut tout de même être très forte. N'oubliez pas que la peur n'a rien de rationnel.

D'autres personnes étaient vulnérables au moment de l'agression, car l'assaillant est arrivé derrière elles ; elles ne l'ont pas vu venir. Elles ont souvent donc davantage d'anxiété lorsqu'elles marchent et croient que quelqu'un les suit. Elles se retournent fréquemment et changent même de parcours si elles croient être suivies. Elles empruntent généralement des rues plus passagères pour être certaines de ne pas se retrouver seules, sans témoin. D'autres éléments reliés aux agressions sexuelles laissent émerger des symptômes d'anxiété reliés à des peurs comme la difficulté à voir des images de violence à la télévision, si l'agression sexuelle a été particulièrement violente, la peur en présence d'hommes et, bien évidemment, la peur dans un contexte d'intimité sexuelle.

Mon père a été mon agresseur. J'ai peur quand il y a des hommes autour de moi. Toutes mes amies sont des femmes. Je ne peux par contre pas éviter d'être en relation avec des hommes, ne serait-ce que parce qu'ils sont les conjoints de mes amies ou alors mes voisins. Je suis allée dans le domaine de l'éducation pour être dans un milieu de femmes et d'enfants, là où je me sens en sécurité. Ce n'est cependant pas une façon de vivre. Je suis vraiment découragée. Suis-je mieux de faire une croix sur mes relations avec les hommes ?

Être agressée sexuellement par votre père a affecté bien des sphères de votre personne. Alors qu'il devait vous protéger, prendre soin de vous et établir une relation de confiance avec vous, il vous a manipulée et agressée. Il a rendu difficiles, pour longtemps, vos relations avec les hommes. Vous êtes très courageuse d'avoir surmonté ces épreuves. Même si c'est difficile pour vous, gardez en tête que tous les hommes ne sont pas des agresseurs. Plusieurs sont même des protecteurs. C'est en créant des relations avec des hommes protecteurs que, petit à petit, vous arriverez à avoir moins peur. Observez les hommes autour de vous. Allez-y doucement et soyez à l'écoute de votre petite voix intérieure. Le conjoint d'une amie, que vous rencontreriez avec elle, pourrait être un bon départ. Recherchez la compagnie d'hommes protecteurs, à l'écoute, doux et sensibles. Ils existent. Évitez de vous retrouver seule avec un homme dans un premier temps et misez sur l'amitié plutôt que sur l'amour ou la sexualité pour commencer. Lorsque vous vous sentirez à l'aise avec des hommes sur les plans social et amical, vous pourrez songer aux relations amoureuses. Sachez cependant que vous risquez de ressentir alors de l'anxiété. Il sera toujours temps d'aller chercher de l'aide professionnelle.

Il arrive que les pensées anxiogènes mènent à un trouble obsessionnel-compulsif. Elles deviennent alors si obsédantes que la personne qui en souffre ne peut les calmer qu'en exécutant un geste concret, précis, pour apaiser son esprit.

Alexandra a constamment l'impression d'être sale. Elle peut être assise tranquillement et, tout à coup, elle sent comme une pellicule graisseuse sur sa peau. Elle croit dégager une forte odeur de transpiration et commence à avoir la nausée. La seule façon qu'elle a trouvée pour mettre un terme à cette impression est de prendre une douche avec un savon parfumé à la vanille. L'odeur lui rappelle le parfum de sa mère et ça la calme. Alexandra peut prendre ainsi quatre ou cinq douches par jour. Elle est en arrêt de travail depuis plusieurs années, car elle avait régulièrement des crises d'anxiété liées à son impression d'être sale et à la nécessité immédiate de se laver.

Davantage que l'anxiété, plusieurs victimes sont atteintes de stress post-traumatique. Ce syndrome peut se développer chez une personne qui a vu sa vie ou son intégrité menacée. Les manifestations sont diverses :

- **La reviviscence :** la personne se rappelle constamment les éléments de l'agression, que ce soit en période d'éveil ou lors de cauchemars.
- **L'évitement :** la victime tend à éviter le plus possible les personnes, les lieux et les éléments lui rappelant l'agression ; elle s'efforce également de chasser ces souvenirs de son esprit.
- **Une altération cognitive et émotionnelle en lien avec les abus :** la personne oublie certains éléments de l'abus ; elle entretient des pensées et des émotions négatives envers elle-même ; elle se détache des autres et des activités qu'elle aimait jadis.
- **L'hyperactivation du système nerveux :** la victime a des crises de colère importantes, des comportements destructeurs, des réactions de sursaut, des problèmes de concentration et de sommeil ; elle est en état d'hypervigilance.

Si vous souffrez de plusieurs de ces symptômes depuis au moins un mois, il est important de consulter un médecin qui saura si un diagnostic de stress post-traumatique peut être établi. Dans le cas contraire, d'autres diagnostics pourraient être envisagés et l'aide s'en trouverait facilitée.

Douloureuse, cette anxiété

Quelle que soit la forme ou l'intensité de l'anxiété que vous vivez, c'est douloureux. Cela a sans aucun doute des répercussions sur vos occupations et sur vos relations, amicales ou intimes… Le pire avec l'anxiété, c'est qu'elle peut survenir n'importe quand, sans que vous vous y attendiez, sans vraiment savoir pourquoi elle se manifeste à ce moment-là. L'anxiété, c'est aussi l'impression de perdre le contrôle, un profond sentiment d'impuissance qui, celui-là, rappelle ce que vous avez vécu lors de l'agression sexuelle. La souffrance n'en est que plus grande. Vous vous demandez alors quand cela va s'arrêter. Les pensées négatives qui en découlent augmentent à leur tour le niveau d'anxiété. Il est alors tout naturel d'être tenté de fuir systématiquement les pensées ou les situations génératrices d'anxiété, mais cette solution demeure temporaire. J'espère que la section suivante vous aidera à diminuer autant que possible votre anxiété.

Un pas en avant

Faire de son anxiété une alliée

Il vous faut d'abord comprendre que votre anxiété joue un rôle important. Ne l'invalidez pas en vous disant qu'elle n'a pas sa raison d'être ; au contraire, elle est là pour vous protéger, comme nous l'avons déjà mentionné. Plutôt que de chercher à la combattre, essayez de la comprendre. Contre quoi ou contre qui vous met-elle en garde ? Pour quelles raisons ? Être à l'écoute de votre anxiété et de ce qu'elle a à vous dire l'apaisera. Prenons un exemple. Vous travaillez pour une grosse compagnie et la présence d'un collègue vous indispose. Il prend beaucoup de place, fait souvent des blagues déplacées. Bref, quand vous le voyez s'approcher de vous, vous avez des palpitations et des sueurs. Si vous allez aux toilettes vous asperger le visage d'eau et prenez des respirations avant de retourner à votre travail et que, malgré tout, en sa compagnie, votre anxiété revient, c'est que, de toute évidence, elle vous dit de vous méfier de cet homme, que votre cerveau perçoit comme une menace potentielle. Vous agresserait-il sexuellement ? Peut-être que oui, peut-être que non. L'important ici est de vous adresser à vous-même : « Je sais ce que tu essaies de me dire. Tu veux me mettre en garde contre ce collègue. Ne t'inquiète pas. Je ne me retrouverai jamais seule en sa présence. Je suis entourée de collègues gentils et mon patron est à l'écoute. » Reconnaître le message et le valider pour ensuite le mettre en perspective devrait considérablement vous aider. Si ça ne suffit pas à diminuer votre anxiété ou encore si, malgré la baisse d'anxiété, vous ressentez toujours un malaise en la présence de ce collègue, il serait toujours opportun de lui dire, avec une ou deux autres personnes à vos côtés qui vous appuient, que vous n'appréciez pas ses blagues douteuses et que vous aimeriez qu'il n'en fasse plus en votre présence. Ici, vous reprenez du pouvoir sur une situation qui vous dérange. C'est un pas important dans la bonne direction. Bien des gens fanfaronnent, mais lorsqu'ils sont confrontés à leurs comportements, ils se calment. Si ça ne marche pas, il sera toujours temps de vous adresser à votre supérieur pour lui faire part de votre malaise face aux blagues de votre collègue, qui importunent peut-être d'autres membres du personnel.

Il est donc à retenir que, peu importe la manifestation de l'anxiété, qu'il s'agisse ou non d'une attaque de panique, une fois les symptômes apaisés, il vous faut repérer les déclencheurs ; écouter vos peurs plutôt que les banaliser ; avoir un discours rassurant envers vous-même quant à votre connaissance du danger potentiel et des mesures que vous prenez pour vous protéger ; et, si ça ne suffit pas, mettre en place des mesures pour assurer votre protection. Parfois, les déclencheurs vous ramènent de manière tellement intense dans le passé en vous faisant perdre contact avec la réalité qu'il vaut mieux consulter un professionnel qui saura vous aider.

Vous avez travaillé fort pour atteindre un certain équilibre émotionnel dans votre vie. Autant que possible, préservez la stabilité que vous avez réussi à mettre en place. Évitez les situations stressantes qui mènent à des montagnes russes émotives ! Plus votre vie sera stable, moins les crises d'anxiété devraient survenir. Cela ne signifie pas que vous ne devez pas relever de nouveaux défis. Tout est une question de juste milieu. La différence entre un stress et un défi : le stress mine votre énergie, alors que le défi vous apporte un carburant pour avancer et accomplir de belles choses.

Gérer les symptômes lorsqu'ils surviennent

Malgré les conseils que je viens de vous donner, vous ne pourrez pas éviter toute anxiété. Alors, que faire quand elle survient ? Plusieurs se réfugient dans l'alcool ou la drogue pour diminuer l'anxiété. En fait, l'anxiété peut se faire sentir un peu moins intensément, mais, comme elle a besoin de s'exprimer, elle va seulement durer plus longtemps. Autrement dit, ne cherchez pas à la faire taire ! Une des premières choses à savoir est que ce n'est pas un lieu, une personne ou un événement qui déclenche l'anxiété, mais bien les pensées qui y sont associées. Aussi, si c'est possible, soyez conscient des pensées qui surgissent et faites ce qu'on appelle un « arrêt de la pensée ». Il s'agit d'imaginer un « STOP » lorsque la pensée prend forme et qu'elle est de plus en plus intense et décalée de la réalité. Par exemple, vous conduisez votre auto en fin de journée pour rentrer chez vous et vous remarquez un camion derrière vous qui semble vous suivre. Il tourne aux mêmes endroits que vous. « Oh non ! Il me suit ! Mais qu'est-ce qu'il me veut ? Qu'est-ce que j'ai fait ? C'est sûr qu'il me suit. Il vient de tourner dans la même rue que moi. Il veut voir où j'habite pour m'agresser. Qu'est-ce que je vais bien pouvoir faire ?... » Au fur et à mesure que ces pensées défilent dans votre tête, votre respiration s'accélère, vous transpirez, vous avez la nausée et vous pleurez. Le plus vite possible, dès le début de cette suite de pensées, soit immédiatement après le « Il me suit ! », vous visualisez un « STOP » dans votre tête. Vous vous parlez ensuite : « Il a peut-être un chemin similaire au mien. » Dans le doute, vous arrêtez la voiture dans un endroit public, le stationnement d'un commerce ou sur le bord d'une rue passante, pour constater qu'il continue son chemin. Pratiquer l'arrêt de la pensée et la remplacer par une pensée plus nuancée ne signifie pas que vous devez vous mettre en danger et affronter votre peur. Il n'est donc pas question ici de descendre de votre auto pour lui demander ce qu'il veut. Pensez toujours à votre sécurité en premier ! Retenez ici de faire un arrêt de la pensée rapidement quand cette dernière commence à prendre de l'expansion et si elle recommence, faites à nouveau un arrêt.

Parfois, l'anxiété est si intense que vous replongez dans vos souvenirs. Vous avez ce qu'on appelle des flashbacks. Ici, il faut vous rappeler que vos images sont des souvenirs. Sentez vos pieds s'enraciner dans le sol ; gardez les yeux bien ouverts ; regardez autour de vous pour revenir dans le présent. Vous pouvez aussi vous rappeler le lieu et l'année où vous êtes : « Je suis à l'école de ma fille et on est en 2017. » Cela devrait suffire à court terme à vous retrouver dans la réalité. Certaines personnes portent un bijou qu'elles touchent, au besoin, afin de s'ancrer dans le présent. Par exemple, une alliance pour se rappeler qu'elles sont mariées ou encore un pendentif qu'on leur a offert. Ces symboles de leur vie adulte leur rappellent qu'elles ne sont plus l'enfant jadis abusé.

Si vous êtes seul, appelez quelqu'un de confiance. Si vous n'avez personne, il existe des lignes d'écoute que vous pouvez appeler et il y aura quelqu'un au bout du fil pour vous écouter, le temps que votre anxiété s'apaise. Si vous rencontrez régulièrement un thérapeute, il ne sera probablement pas disponible sur-le-champ, mais n'oubliez pas de lui parler de cette crise d'anxiété lors de votre prochain rendez-vous. Ensemble, vous pourrez l'explorer plus à fond en toute sécurité.

Mis à part la gestion de vos pensées, vous devez parfois faire des choses plus concrètes. La respiration contrôlée (soit le fait d'inspirer par le nez et d'expirer par la bouche en comptant les secondes) peut vous aider à reprendre vos esprits. Pour commencer, inspirez par le nez en comptant tranquillement jusqu'à trois, puis expirez par la bouche en comptant jusqu'à quatre. Vous pouvez le faire plus longtemps, mais assurez-vous d'avoir toujours une seconde de plus à l'expiration qu'à l'inspiration. Je vous suggère fortement d'expérimenter cette technique en dehors des crises d'anxiété pour que vous soyez capable de l'appliquer lorsque nécessaire.

L'eau est une ressource naturelle qui apaise. Quand vous ressentez des symptômes physiques d'anxiété, comme un mal de tête, une nausée, une transpiration abondante, vous pouvez boire un grand verre d'eau ou encore faire couler de l'eau sur vos mains, par exemple, ou écouter le son de l'eau qui coule, que ce soit dans une fontaine ou sur un enregistrement. Prendre l'air peut aussi s'avérer fort bénéfique. Vous pouvez marcher en respirant à pleins poumons, en profitant des rayons du soleil ou en prenant conscience du froid sur vos joues. C'est une autre belle manière de vous ancrer dans le présent.

Il y a bien sûr certaines bonnes habitudes de vie qui, lorsqu'elles sont acquises, peuvent vous être utiles en cas de besoin. Je pense ici à faire de l'exercice ou du yoga, à méditer, à faire de la relaxation ou de la visualisation.

Avoir recours à la relaxation ou à la visualisation

La relaxation a plusieurs effets bénéfiques. Elle permet notamment de traiter les différentes manifestations de l'anxiété telles que le stress, l'insomnie ou les troubles gastro-intestinaux. Elle produit un relâchement non seulement du corps physique, mais aussi du corps émotionnel. Je vous recommande de pratiquer la relaxation environ 15 minutes par jour pour en ressentir les bénéfices de manière globale. Le stress est alors réduit et vous êtes moins enclin à faire de l'anxiété. Ensuite, quand l'anxiété se manifeste, vous êtes capable de faire de la relaxation, car vous connaissez la méthode. En fait, il existe plusieurs méthodes de relaxation. Une des plus populaires est la relaxation progressive de Jacobson, dont nous avons parlé au chapitre 1 (voir p. 21). Vous trouverez aisément d'autres méthodes de relaxation dans les livres spécialisés ou encore sur des sites Internet en faisant quelques recherches. L'important est que vous trouviez celle qui vous convient.

Certaines personnes sont plus à l'aise avec la visualisation. Vous pouvez mettre de la musique douce, et imaginer un endroit sécurisant et apaisant, comme une plage, le bord d'un lac ou une forêt. Visualisez-vous étendu sur le sol ou encore assis confortablement, et profitant de tous les bienfaits que cet endroit vous procure. Prenez le temps d'établir un contact sensoriel avec ce qui vous entoure, c'est-à-dire avec chacun des cinq sens :

- Regardez l'endroit, tous ses petits détails ; admirez sa beauté.
- Écoutez les bruits : l'eau qui coule, le chant des oiseaux, les feuilles qui bougent au vent.
- Humez les parfums : l'odeur salée de la mer, l'humidité de la forêt, etc.
- Sentez le contact de votre corps avec l'environnement : le sable entre vos orteils, la roche dure sous vos fesses, l'eau fraîche sur votre peau.
- Goûtez l'eau salée ou les petits fruits rouges que vous trouvez dans la forêt. Prenez le temps de ne faire qu'un avec votre environnement.

Cette quiétude, elle n'appartient qu'à vous. Cet endroit, c'est votre sanctuaire. Vous pouvez y revenir quand vous voulez vous ressourcer. Quand vous êtes prêt, quittez ce lieu paisible pour reprendre tranquillement contact avec la pièce où vous vous trouvez. Ouvrez doucement les yeux. Prenez votre temps. Vous pouvez aussi boire un peu d'eau pour mieux réintégrer l'ici et maintenant.

L'écriture qui guérit

1. Lorsqu'une situation vous cause de l'anxiété, vous pouvez faire cet exercice. Dans la colonne de gauche, décrivez la situation stressante. Dans la deuxième colonne, écrivez les pensées que suscite cette situation. Dans la troisième colonne, énumérez les manifestations physiques de votre anxiété. Vous voyez que les manifestations physiques sont en fait en lien avec les pensées. Dans la dernière colonne, écrivez, pour chaque pensée de la deuxième colonne, une autre pensée plus nuancée. Par exemple, vous êtes anxieux à l'idée d'aller à un souper que des amis ont organisé pour vous présenter un ami célibataire. Si vous pensez : « Je dois lui plaire » ou encore : « Il faut que ça marche », vous vous mettez une pression indue. Vous pourriez remplacer cette pensée par celle-ci : « Nous verrons si nous nous plaisons tous les deux » ou encore : « Ce sera un souper agréable de toute façon, que ça marche ou non avec la personne qu'on veut me présenter. » Lorsque vous avez terminé, observez comment vous vous sentez. Vous verrez que l'anxiété est moins grande.
2. Faites une liste de gestes bienveillants que vous pourriez avoir envers vous-même. Par exemple, prendre le temps de vous faire un sourire tous les matins dans le miroir. Vous serez ainsi certain d'en avoir au moins un dans votre journée.
3. Dressez une liste d'activités qui peuvent vous aider à relaxer. Par exemple, prendre un bain, lire un roman, écouter votre émission préférée, faire une promenade, danser sur une musique rythmée, faire du coloriage, dessiner, etc. Quand vous ressentez de l'anxiété, consultez cette liste et voyez quelle activité peut vous faire du bien.

Même s'il peut être tentant de chercher à dominer votre anxiété, ce n'est pas la meilleure chose à faire. Essayez plutôt de la comprendre et d'avoir à votre égard une attitude bienveillante.

Chapitre 6

Canaliser la colère

La colère est une émotion généralement mal comprise et peu appréciée ; elle dérange. C'est pour cette raison que plusieurs personnes veulent se débarrasser de leur colère. En fait, elle est légitime, comme n'importe quelle émotion. Elle n'a donc pas à être enrayée. Il faut cependant baliser le comportement qui peut en découler, car c'est lui qui peut devenir problématique et non l'émotion en elle-même.

Avoir été victimisé amène une grande tristesse, souvent masquée par la colère. La colère sert d'armure. Ressentir de la colère envers votre agresseur est tout à fait normal et il peut aussi vous arriver d'avoir envie de vous venger, sans nécessairement passer à l'acte. Entretenir ce sentiment peut par contre devenir destructeur. En effet, vous entretenez alors des pensées négatives, ce qui vous empêche de voir le positif autour de vous. Votre énergie se concentre sur l'autre plutôt que sur vous. Votre agresseur ne mérite pas toute cette énergie que vous lui consacrez. Il vous en a assez pris, non ? La pensée de vengeance peut vous donner l'impression de rééquilibrer les choses, du moins en imagination. Votre agresseur souffre autant qu'il vous a fait souffrir. Mais lorsque vous imaginez sa souffrance en comparaison de la vôtre, c'est encore vous qui demeurez pris avec cette souffrance. Pas lui.

J'ai souvent pensé à porter plainte contre mon agresseur. Je le traînerais dans la boue. Il perdrait tout : sa famille, ses amis, son travail. Ce serait bien fait pour lui. Qu'en pensez-vous ?

Porter plainte est un processus complexe, avec plusieurs étapes. En général, la démarche est vécue difficilement par la victime, puisqu'elle doit répéter plusieurs fois son histoire et également faire face à son agresseur. Certaines personnes, toutefois, trouvent bénéfique cette confrontation avec l'agresseur. Elles veulent le regarder droit dans les yeux et lui dire tout le mal qu'il leur a fait. C'est aussi une façon pour elles de s'affirmer, de lui dire qu'il ne leur fait plus peur. Enfin, plusieurs victimes vont de l'avant dans le processus judiciaire dans le but d'obtenir réparation. Elles souhaitent, et c'est bien compréhensible, que l'agresseur paie pour le crime qu'il a commis. Cependant, cette décision ne leur appartient pas et plusieurs se retrouvent déçues face à une sentence qu'elles espéraient plus grande ou même devant un verdict de non-culpabilité.

Je vous suggère de réfléchir, dans un premier temps, aux attentes que vous avez face au processus judiciaire. Ces attentes sont-elles envers vous, l'agresseur ou le système en soi ? Les seules attentes sur lesquelles vous avez du pouvoir sont celles que vous avez pour vous-même. Pour ce qui est des attentes à l'égard de l'agresseur ou du système judiciaire, elles peuvent être satisfaites ou non. Cette démarche peut se faire, mais je vous encourage fortement à être accompagné et épaulé par un organisme de défense des droits des victimes où vous bénéficierez d'informations et, surtout, de soutien.

Les raisons de la colère

Peut-être ressentez-vous à l'occasion de la colère, mais sans savoir nécessairement pourquoi. Vous en voulez au monde entier ! Le bonheur des autres vous irrite... leur légèreté, leur façon de rire et de profiter de la vie. Vous regardez les enfants, autour de vous, et vous enviez leur innocence, leur insouciance... Vous avez perdu la vôtre, depuis longtemps ! Vous ne pouvez pas leur en vouloir, ce sont des enfants, mais en même temps... la vie est injuste, non ? Pourquoi vous ? Pourquoi on ne vous a pas protégé ?

> *Denis, 55 ans, consulte pour les agressions sexuelles que lui a fait subir l'entraîneur adjoint de son équipe de hockey lorsqu'il avait entre 10 et 12 ans. Deux autres garçons ont été agressés par cet homme. Aujourd'hui adulte, Denis en veut à l'entraîneur de ne pas les avoir protégés : il aurait dû savoir, selon lui. Il ressent de la colère envers ses parents qui n'ont pas compris quand il disait qu'il n'aimait pas cet adjoint. Ils lui répondaient qu'il était exigeant, pour son bien, que c'était un bon père de famille ayant à cœur la réussite des jeunes qui lui étaient confiés. Denis en veut au concierge qui a un jour été témoin d'une agression et qui a refermé la porte, sans dire un mot. Pour lui, sa vie aurait été complètement différente si quelqu'un, un adulte, l'avait écouté, l'avait aidé. Les relations avec ses parents ont toujours été difficiles et il ne s'est jamais réconcilié avec son père, même à sa mort.*

Denis n'en veut pas seulement à son agresseur, mais aussi aux adultes en qui il avait confiance. Peut-être vous êtes-vous reconnu dans son histoire. Ce qui est particulièrement triste dans les histoires d'agression sexuelle, c'est que plusieurs relations sont détruites à cause des gestes commis par une seule personne... des relations passées, mais également présentes et futures. En effet, comment construire des relations sur des bases de confiance alors que l'agression a justement pu avoir lieu en raison de cette confiance !

Plusieurs raisons peuvent expliquer votre colère. À travers les abus, on a profité de votre bonté, on vous a utilisé. Vos limites ont été transgressées. On ne vous a pas respecté, on a menacé votre intégrité. Vous avez beaucoup perdu : votre innocence, votre confiance en l'autre et en la vie, votre capacité à vous affirmer, votre intimité. Encore aujourd'hui, vous en subissez les répercussions dans votre vie professionnelle, vos relations amicales, votre vie familiale, votre vie amoureuse et intime. Lorsque vous rencontrez des difficultés que vous pouvez relier au fait d'avoir été agressé ou encore lorsque vous entendez parler d'histoires d'abus dans l'actualité ou par une autre victime, il est bien normal que vous ressentiez de la colère. Pourtant, la colère est ce qu'on appelle une seconde émotion, c'est-à-dire qu'elle en camoufle une autre, plus primaire, comme la tristesse et la peur. Bien des personnes qui m'ont consultée expriment beaucoup de colère dans les premières séances, puis, peu à peu, grâce au lien de confiance établi, elles peuvent se permettre de laisser tomber la carapace et de toucher à l'émotion réelle, la tristesse. Alors, elles pleurent... Elles pleurent leur enfance, les pertes liées aux abus, et peuvent alors commencer un processus de deuil, avant d'emprunter le chemin de la guérison.

Les manifestations de la colère

La colère peut se manifester sous différentes formes. Elle est parfois explosive, surtout si vous l'avez retenue pendant une longue période. Lors d'abus sexuels vécus dans l'enfance, il n'est pas rare que l'enfant ne puisse exprimer sa colère, par crainte de représailles.

Justin a neuf ans. Lorsqu'il était en première année, il était souvent puni. Il se chamaillait avec les autres, allant parfois jusqu'à leur donner des coups de poing au visage et au ventre. Il a même craché au visage de son enseignant plusieurs fois. Croyant bien faire et souhaitant surtout que les comportements agressifs de Justin cessent, les intervenants de l'école ainsi que ses parents ont eu recours à un nombre incalculable de punitions allant du retrait du groupe à la privation de privilèges et de sorties, en passant par les réprimandes ; rien n'y faisait. Lorsque Justin a eu huit ans, ses parents ont consulté un thérapeute pour qu'il lui vienne en aide. Ce thérapeute faisait bien peu de cas des comportements problématiques du garçon. Ce qui l'intéressait d'abord et avant tout, c'était la raison de cette rage qu'exprimait Justin. Il a été difficile de gagner la confiance de Justin, mais le thérapeute était patient. Il a demandé qu'on cesse les punitions. Justin était surpris de ne plus avoir de sanction. Ses comportements agressifs ont diminué. Tout à coup, il avait l'impression qu'on s'intéressait à lui, qu'il était aussi capable de belles choses. Avec le temps, Justin s'est confié au thérapeute. Il avait été agressé sexuellement par son oncle à quelques reprises. Il gardait le silence pour ne pas briser la famille. C'était lourd à porter. Il exprimait donc sa souffrance par des comportements agressifs. Après un an de thérapie, Justin va bien. Lui et sa famille sont très reconnaissants envers le thérapeute.

Tous les enfants abusés sexuellement n'ont pas la chance de croiser un thérapeute comme celui de Justin. Ils apprennent par conséquent à refouler leur colère pour éviter les sanctions, car ils ont bien compris que l'agressivité qu'ils manifestent sera punie. Bien peu d'adultes s'intéressent aux raisons des comportements dérangeants des enfants. Ils veulent que de tels comportements cessent, tout simplement. Ces enfants, en grandissant, n'en peuvent plus de contenir leur colère et on peut voir alors se manifester des comportements de délinquance ou même de violence envers autrui. Cette colère, ils ne savent pas l'exprimer sainement. Personne ne le leur a appris. Ils n'ont su que la taire. C'est un peu comme mettre un couvercle sur un chaudron contenant de l'eau qui bout. À un moment ou à un autre, le couvercle va se soulever si on ne baisse pas la température de l'eau.

Votre colère peut se manifester par une tendance à entrer en conflit avec les autres. Vous pouvez aussi faire des crises de colère lorsque vous ne vous sentez pas respecté, que vos besoins ne sont pas pris en considération. Cela peut aller jusqu'à l'agressivité, verbale et physique, même avec les gens que vous aimez, comme votre partenaire. Il se peut que vous vous sentiez passablement démuni face à votre colère, en particulier si vous avez été victime de la colère et de l'agressivité de votre agresseur. Votre colère peut alors vous déstabiliser, en vous faisant revivre des événements malheureux liés aux abus sexuels. Certaines personnes ayant été victimisées ont si peur d'être en colère et de ce qui pourrait se passer que ce sont d'autres émotions et d'autres peurs qu'elles mettent de l'avant, par exemple la tristesse, la déception, la peur de la trahison et de l'abandon. Ce vécu émotionnel est bien réel, mais si vous grattez, vous trouverez peut-être une colère enfouie. Des symptômes physiques peuvent aussi camoufler votre colère : de la fatigue, des maux de tête ou des tensions musculaires.

Les conséquences de la colère dans votre vie

Ressentir de la colère, après les épreuves que vous avez traversées, est tout à fait normal. Si vous craignez les débordements, il est possible que, sans vous en apercevoir, vous l'ayez refoulée, ce qui pourrait avoir contribué à l'apparition de symptômes importants de dépression ou d'anxiété. La colère, vous pouvez l'avoir ressentie contre vous-même. Elle prend alors souvent la forme de punitions que vous vous infligez, par exemple en vous privant de certains accomplissements, que ce soit d'avoir une carrière qui vous passionne, de vivre une vie de couple à la fois stimulante et sécurisante, de fonder une famille, etc. C'est comme si vous croyiez que vous ne méritez pas ce bonheur. Et pourtant, après ce que vous avez vécu, vous y avez droit, vous aussi.

Pour certaines victimes, cette colère envers elles-mêmes les pousse à adopter des comportements destructeurs. Elles peuvent abuser de l'alcool ou de la drogue, avoir des troubles alimentaires, s'automutiler et même tenter de se suicider. Elles se détruisent, brisent ce corps qu'elles détestent. Si vous avez déjà adopté ce genre de comportements, il vous faut une aide professionnelle. Car la colère, si elle est bien canalisée, peut se transformer en désir de justice, entre autres. Bien des victimes passées deviennent des aidants pour d'autres victimes. Si elles affichent leur vécu antérieur de victimisation, cela peut permettre à certaines victimes d'établir plus facilement un lien de confiance avec un thérapeute. Le désir de justice a également conduit plusieurs survivants à militer pour davantage de services ou pour des peines plus sévères à l'endroit des agresseurs. Ces battants ont réussi à faire quelque chose de bénéfique pour la société avec leur vécu antérieur de victimisation. Une colère bien canalisée peut aussi se changer en affirmation de soi, de ses désirs, de ses besoins, de ses attentes et de ses limites. C'est d'abord et avant tout se reconnaître des droits. Cela peut par contre devenir un terrain glissant où la peur d'être à nouveau bafoué conduit à tenir des propos agressifs ou à avoir des comportements d'abus qui gardent les autres à distance. Cela amène un certain isolement vécu difficilement par les victimes qui se sont souvent senties bien seules, mais, paradoxalement, c'est aussi sécurisant, puisque cela permet une certaine protection face aux blessures qui peuvent nous être infligées quand on aime et qu'on se laisse aimer.

Un pas en avant

La colère d'avoir été agressé est bien légitime. Dans l'aide que je souhaite vous apporter, je me pencherai donc davantage sur les cibles de votre colère ainsi que sur ses manifestations.

Reconnaître la cible de sa colère

L'agresseur est souvent la première cible de votre colère et c'est bien normal. Je ne le répéterai jamais assez dans ce livre : il est le seul et unique responsable des gestes qu'il a commis. S'il se déresponsabilise, minimise ou nie les faits, ou, pire encore, s'il rejette le blâme sur vous, il est bien compréhensible que votre colère soit encore plus grande. Ne lui accordez pas votre attention ; il ne la mérite pas. Occupez-vous plutôt de vous-même et de votre guérison.

Si vous avez été agressé durant l'enfance ou l'adolescence, il peut arriver aussi que vous soyez en colère contre d'autres personnes qui n'ont pas été agressées, elles. Pourquoi vous et pas elles ? Derrière cette colère se cache probablement une envie. Vous auriez aimé, vous aussi, avoir une enfance ou une adolescence sans abus, sans violence. Peut-être même idéalisez-vous leur vie car, en fait, vous ne savez pas ce qu'elles ont vécu. Vous avez le droit de ressentir de la colère, mais reportez-la sur l'agresseur. Quant à l'envie que vous ressentez face aux autres, vous pouvez la travailler en lisant le chapitre sur les deuils, car vous aurez, inévitablement, à faire le deuil de l'enfance ou de l'adolescence que vous auriez aimé avoir.

Même si vos parents ne sont pas vos agresseurs, il vous est peut-être déjà arrivé de leur en vouloir de ne pas avoir su ce qui vous arrivait, de ne pas vous avoir protégé ou encore de ne pas vous avoir cru, par exemple. Votre frustration est compréhensible. Après tout, les parents sont là pour protéger leurs enfants. Cependant, si vous y réfléchissez bien, croyez-vous que vos parents auraient voulu que vous soyez agressé ? Non. En fait, ils sont des victimes secondaires de l'agression que vous avez subie, car la principale victime, c'est vous. C'était vous. Car, aujourd'hui, vous n'êtes plus victime. Vous êtes passé de victime à survivant. Et maintenant, vous voulez davantage que survivre ; vous voulez vivre. Mais il est difficile de bien vivre lorsque la colère nous habite...

Mieux vivre avec sa colère actuelle

Ce sont souvent les mêmes situations ou personnes qui nous mettent en colère. Vous pourriez donc penser à une situation qui vous met particulièrement en colère. Réfléchissez à l'émotion sous-jacente. Est-ce de la peine ? De la peur ? Peur d'être rejeté ou abandonné ? Est-ce de l'impuissance ? De la culpabilité ? Adressez-vous à cette émotion en l'accueillant, comme un bon parent le ferait avec son enfant. Prenez le temps de vous rassurer, de vous consoler. Une fois que c'est fait, essayez de cerner quelque chose de constructif qui ressort, pour vous, de cette situation. Par exemple, chaque fois que votre collègue émet une opinion contraire à la vôtre, vous ressentez beaucoup de colère. C'est en fait de la peine ; vous avez peur qu'on ne vous aime pas et qu'on vous rejette dans votre cercle professionnel. Non, vous n'êtes pas rejeté. Au contraire, on a suffisamment d'estime pour vous et on vous croit assez solide pour faire preuve d'honnêteté et de franchise et favoriser un échange d'opinions. Votre opinion vaut celle des autres. Apaisant, non, de voir les choses sous cet angle ? Maintenant, qu'y a-t-il de constructif dans cette situation ? Elle vous apprend à vous faire confiance, à vous affirmer sans vous sentir menacé, tout en étant à l'écoute des autres. Ce n'est pas l'enjeu de déterminer un gagnant et un perdant. Vos collègues peuvent vous apprendre des choses par leurs idées comme vous pouvez leur en apprendre avec les vôtres. Vous voyez ? La colère nous fait voir les choses sous un angle qui paralyse plutôt que de faire avancer. C'est en étant à l'écoute des souffrances qui se cachent derrière que vous arriverez à la doser.

Choisir la place qu'on donne à la colère dans sa vie

Voici quatre phrases clés qui vous aideront à réfléchir sur la place que vous voulez laisser à la colère dans votre vie à partir de maintenant :

Réalisez que c'est à vous que la colère fait le plus de tort.

La colère que vous ressentez, c'est à vous qu'elle fait le plus de tort. Votre agresseur ne connaît pas l'intensité des émotions qui vous habitent. C'est vous-même que vous détruisez, petit à petit. Vous méritez la paix intérieure. C'est le plus beau cadeau qui soit. Lorsque la colère vous habite, vous vous en éloignez. Si vous acceptez de la laisser aller, alors vous vous approcherez de la sérénité.

Servez-vous de votre colère comme motivation à vous prendre en main.

Êtes-vous prêt à laisser aller votre colère ou, du moins, son aspect destructeur ? Tentez de ne conserver que la part de cette colère qui peut agir comme carburant pour vous propulser vers l'avant. Celle-ci peut vous aider à vous prendre en main. En effet, vous aurez peut-être envie de prouver à l'agresseur et à votre entourage que vous êtes capable de grandes choses, que la souffrance passée n'entravera pas votre réussite professionnelle, par exemple. Rappelez-vous qu'avant de prouver aux autres ce dont vous êtes capable, c'est d'abord à vous-même que vous démontrez votre résilience.

Soyez à cent pour cent responsable de vos réactions.

On entend souvent dire que, dans un conflit, chacun des protagonistes est responsable pour moitié de la situation. Dans un cas d'agression sexuelle, seul l'agresseur est responsable de la situation, donc à cent pour cent. Cependant, vous êtes cent pour cent responsable de vos réactions face à cette situation passée. Qu'en ferez-vous ? Choisirez-vous de vous détruire, de le haïr ? Déciderez-vous plutôt de rebondir sur vos pieds ?

Reprenez le pouvoir sur votre vie.
Il ne peut y avoir qu'une personne aux commandes. Alors, qui sera aux commandes de votre vie ? Je vous souhaite de prendre ces commandes dès maintenant. Vous avez peur de ne pas savoir piloter ? Faites-vous confiance. Vous saurez vous mener à bon port si vous respectez un certain rythme de croisière et que vous êtes à l'affût. Si l'agresseur a pris les commandes par le passé, reprenez-les maintenant. Elles sont à vous. Pendant que vous êtes derrière le volant, vous ne concentrez pas vos énergies sur l'autre. Vous vous concentrez sur votre route et vous laissez l'autre prendre la sienne.

Libérer sa colère dans l'action

Il y aura des moments où votre colère sera plus présente, sans que vous en compreniez nécessairement les raisons. De toute façon, est-il bien nécessaire de toujours tout analyser ? Elle est là, mais qu'en ferez-vous ? Une façon très saine est de la canaliser dans le sport ou l'activité physique. Lorsque vous suez durant un effort physique, imaginez que la colère sort dans cette sueur, qu'elle s'écoule des pores de votre peau. Vous verrez, c'est très libérateur ! Vous pouvez envisager de vous inscrire dans un club de sport collectif si vous souhaitez en même temps briser un peu votre isolement. Un sport individuel, comme le vélo ou la course à pied, vous permettrait de vous dépasser. Finalement, pratiquer les arts martiaux vous redonnerait un sentiment de reprise de pouvoir ainsi qu'un sentiment de sécurité.

L'écriture qui guérit

On peut faire sortir le trop-plein grâce à l'activité physique, c'est bien connu, mais, parfois, il vaut la peine de prendre le temps de réfléchir à la place qu'a occupée la colère dans votre vie passée et celle que vous voulez qu'elle occupe dans votre vie présente et future.

1. Consacrez une page à la colère que vous ressentiez lorsque vous étiez enfant. Aviez-vous le droit d'être en colère ? Comment les adultes réagissaient-ils à votre colère ? Étiez-vous puni pour vous être mis en colère ? Si c'était le cas, comment vous sentiez-vous ? Les punitions ont-elles eu une influence sur vos colères ? Si oui, laquelle ? Au contraire, un adulte a-t-il encouragé votre agressivité en vous disant, par exemple, de vous battre pour vous faire respecter ? A-t-on glorifié la violence dans votre enfance ? En général, on reconnaît que l'enfant qui a été puni régulièrement pour s'être mis en colère aura tendance à la refouler, pour éviter les punitions. Si au contraire on l'a encouragé à être agressif, son agressivité s'en trouvera bien sûr accrue. Lorsqu'on y regarde de près, dans un cas comme dans l'autre, aucun outil n'a été donné à l'enfant pour accueillir sa colère et l'exprimer sainement. On l'a soit découragée, soit amplifiée. Dans un deuxième temps, sur une autre page, réfléchissez à la façon dont vous gérez actuellement votre colère. Quels moyens utilisez-vous ? Vous aident-ils ? Que pourriez-vous mettre en place ?
2. La rédaction de lettres est un exercice à la fois difficile et bénéfique. Dans un premier temps, écrivez une lettre à vos parents, s'ils ne sont pas vos agresseurs, ou au parent non agresseur, si l'autre vous a agressé sexuellement. Exprimez vos pensées, vos émotions, vos besoins qui n'ont pas été satisfaits, vos attentes non comblées, etc. L'objectif même est de vous vider le cœur, sachant que la lettre ne sera pas lue, car vous ne la leur enverrez pas. Cette lettre a uniquement un but thérapeutique, pour vous aider dans votre cheminement. Si jamais vous souhaitiez l'envoyer, je vous recommande de la faire lire à un thérapeute qui pourra vous guider et s'assurer que vous assumez pleinement vos dires et que vous êtes conscient des possibles retombées.

3. Vous pouvez écrire une autre lettre à votre agresseur. Encore une fois, le but premier est de vous aider dans votre cheminement en vous permettant de dire tout ce que vous avez sur le cœur, vos peines, vos colères, les répercussions que ses actes ont eues et ont encore sur votre vie. Cet exercice est très libérateur. Si jamais vous vouliez lui envoyer la lettre, là encore, je vous recommande fortement de la faire lire à un thérapeute qui vérifiera si vos paroles ne risquent pas d'être prises pour des menaces, ce qui pourrait vous causer des ennuis.

La rédaction de lettres peut permettre de panser bien des blessures du passé et de regarder vers l'avant. L'essentiel à retenir, c'est que la colère vous maintient prisonnier. Il est important de l'apprivoiser pour mieux la comprendre et trouver des façons saines de l'exprimer.

Chapitre 7

Apprendre à s'aimer et à s'affirmer

Bien se connaître, apprendre à s'aimer et à s'affirmer sainement sont le travail d'une vie entière. Qu'on ait été victime d'agression sexuelle ou non, ces enjeux sont présents chez beaucoup d'entre nous. Il est donc important de demeurer réaliste quant aux exigences que vous aurez envers vous-même. Trop d'exigences nuit à l'estime de soi, ne l'oubliez pas !

Mieux se connaître

L'identité est ce qu'on est en tant que personne, en tant qu'homme, en tant que femme. Elle est forgée de vos forces comme de vos faiblesses, de vos pensées, de vos émotions, de vos besoins, de vos attentes, de vos désirs. Pour beaucoup de personnes ayant été agressées sexuellement, il n'y a pas que le corps qui a été souillé, il y a aussi l'identité. Si c'est votre cas, vous avez le sentiment d'avoir été violé jusque dans votre être, profondément. L'agresseur vous a amené à douter de vous-même, de vos pensées, de vos émotions, de vos besoins. Cette manipulation vous conduit peut-être encore aujourd'hui à remettre en question votre propre identité. Il vous arrive probablement de minimiser, voire de nier, vos besoins. Cette dévalorisation de votre être peut se manifester par une certaine négligence de votre apparence. Après tout, l'allure qu'on a n'est pas importante, c'est superficiel, vous dites-vous. Mais cela peut aussi être le miroir de votre être. Cette apparence négligée est le reflet du peu d'importance que vous accordez à votre personne, à votre être.

Pour que votre estime de vous-même ne soit pas trop malmenée, il vous faut prendre certaines précautions. Tout d'abord, voyez vos faiblesses comme des défis à relever, et non comme des difficultés insurmontables. Acceptez vos pensées et vos émotions, sans vous laisser victimiser par elles. Si vous êtes un homme, ne vous croyez pas moins masculin si vous avez été agressé par un homme. Si vous êtes une femme, ne refusez pas votre féminité parce que vous avez été agressée. Plutôt que d'être passif face à ce qui se passe en vous et autour de vous, faites corps avec votre identité pour embrasser ce que vous êtes, en sachant que chaque partie de votre vie a contribué à façonner la personne que vous êtes devenue.

Cultiver l'amour de soi

Comme vous pouvez le constater, il n'est pas facile de se connaître, encore moins de se reconnaître. Le pire ennemi de la reconnaissance de soi est la culpabilité et, à la suite des abus que vous avez subis, le sentiment de culpabilité n'a pas sa place. Tant que vous vous sentirez coupable à la place de l'agresseur, il vous sera difficile de vous aimer. Une autre chose peut vous empêcher de vous aimer: la façon dont l'agresseur vous a traité. Le mépris dont il a fait preuve envers vous peut vous conduire à vous mépriser à votre tour, en croyant que vous ne méritez pas qu'on vous aime. Vous pouvez aussi vous méfier d'une personne qui vous traite avec respect et égards. « Que me veut-elle ? » vous demandez-vous. Ainsi, vous passez à côté de personnes qui pourraient vous faire du bien. Sans vous en rendre compte, vous vous dépréciez peut-être par de petits commentaires sur votre apparence ou vos gestes. Vous vous dévalorisez. Vous n'êtes pas à la hauteur de vos exigences et cela vous déçoit. Vous vous jugez sévèrement. Vous n'avez pas le droit à l'erreur. Dans ce contexte, votre estime personnelle et votre confiance en vous-même pâtissent.

Cette perception négative que vous avez de vous-même affecte inévitablement vos relations avec les autres. Plusieurs victimes, se voyant comme des moins que rien, se retrouvent dans des relations violentes (violence verbale, psychologique, financière ou physique). Elles tolèrent cette violence, car elles ne croient pas mériter mieux. Certaines ne se voient même plus comme un être humain, mais comme un objet sexuel, uniquement bon à satisfaire les pulsions des autres. C'est la conséquence directe du manque d'humanisme dont l'agresseur a fait preuve envers vous. Cette violence que vous subissez, quelle qu'en soit la forme, vient vous conforter dans l'idée que vous ne valez pas grand-chose. Cela vous paralyse et vous empêche de vous aimer et de vous affirmer.

Vos pensées concernant votre image corporelle ne sont pas forcément « réelles », mais teintées de la perception négative que vous avez de vous-même. Il n'est pas facile d'avoir une pensée juste de son apparence physique. Gardez en tête que l'amour que vous vous portez teinte votre jugement sur vous-même et sur les autres, en vous amenant peut-être à idéaliser ces derniers, d'une part, et à vous rabaisser, d'autre part. L'autre n'est ni plus ni moins que vous ; il est différent. Constater sa différence pour ensuite l'apprivoiser est un pas dans la bonne direction.

Apprendre à s'affirmer

Il est bien ardu de s'affirmer lorsqu'on a de la difficulté à s'aimer. S'affirmer signifie être capable de communiquer ses désirs, ses besoins et ses limites aux autres, de manière respectueuse. Avoir été victime d'agression sexuelle conduit souvent à adopter une attitude soumise dans les relations interpersonnelles, par manque d'estime de soi, mais aussi par peur de perdre l'autre. Cette peur d'être rejeté ou abandonné rend l'affirmation personnelle difficile. Certaines personnes sont incapables de dire non. Elles ont peur de déplaire. D'autres ont du mal à fixer leurs limites. Encore faut-il qu'elles les connaissent et les considèrent comme justes. La difficulté à se connaître et se reconnaître prend tout son sens ici. Ne vous demandez pas quelles sont vos limites, mais plutôt si vous avez des limites. Peut-être êtes-vous surpris de vous entendre répondre spontanément : « Non. » Les limites se matérialisent d'abord dans nos frontières corporelles. Comme l'agresseur les a franchies, il vous a amené à les laisser tomber. Ainsi, pour la plupart des victimes passées, il est très difficile d'avoir des limites et de les affirmer. D'autres, par contre, se sont construit une barrière très épaisse avec les gens qui les entourent. L'intimité physique est alors compromise, puisqu'il est pratiquement impossible pour les autres de les approcher sans qu'elles se sentent menacées. Si la barrière est grande, les limites sont aussi très importantes. Il est tentant de s'affirmer sur tout et parfois même de dicter notre façon de voir les choses. Pour l'entourage, cela peut être vu comme de la domination. Pas facile, dans ce cas, de développer et de maintenir des amitiés.

Une difficulté à se réaliser... pourquoi ?

Se connaître et se reconnaître, s'aimer, s'affirmer... tout cela amène à s'accomplir ! Mais des failles dans les étapes conduisant à l'accomplissement rendent ce dernier difficile. Il est aisé de comprendre que lorsqu'on a une faible estime de soi et un manque de confiance en soi, le rendement au travail est diminué, les ambitions professionnelles sont moindres, les réalisations ne sont pas à la hauteur des attentes. Ainsi, plusieurs victimes se sentent anxieuses et incompétentes dans leur emploi, inaptes à exercer certaines fonctions. Elles peuvent même aller jusqu'à faire de l'autosabotage, sans s'en rendre compte ; tout cela parce que leur évaluation d'elles-mêmes et de leurs actions est assez négative.

J'ai l'impression que je n'ai pas le droit de réussir, car cela voudrait dire que ce que j'ai vécu est sans importance. Aller mieux signifierait que les séquelles ne sont pas aussi grandes.

Tout d'abord, personne ne sait mieux que vous les difficultés que vous avez traversées. Cependant, il est inutile de rester plongé dans la souffrance passée au cas où quelqu'un jugerait votre gaieté et vos réussites. Vous avez le droit d'être heureux et d'aller de l'avant. Les agressions passées ne s'effaceront pas. Elles sont un chapitre du grand livre de votre vie. Elles peuvent même être toute une partie de votre biographie, mais il y a une suite à votre histoire. Bien sûr, la suite est influencée par ce qui vous est arrivé précédemment. Et si, aujourd'hui, vous poursuiviez l'écriture de votre biographie, que souhaiteriez-vous pour votre personnage principal ?

Erreurs fréquentes

Se connaître, s'aimer et s'affirmer sont des étapes sur un long chemin parsemé d'erreurs. Une erreur fondamentale est de diviser les gens en deux camps : les gentils et les méchants. Ainsi, si vous avez une mauvaise image de vous-même, vous vous cataloguerez automatiquement dans le camp des mauvaises personnes. Il peut devenir difficile d'être une bonne personne à vos yeux. Essayez plutôt de vous voir comme une personne entière, avec ses forces et ses défis, sans vous accoler un qualificatif de « bonne » ou de « mauvaise » personne.

Poser un jugement négatif sur vous-même et votre comportement lors de l'agression sexuelle est une erreur importante qui peut prendre deux formes. Dans un premier temps, il vous est peut-être arrivé de vous blâmer pour ce qui était arrivé en oubliant comment les choses s'étaient réellement produites.

Bertrand, le patron de Corinne, lui demande de venir le rencontrer dans son bureau à la fin de la journée. Comme il lui a fait plusieurs compliments sur son travail au cours des dernières semaines et que Corinne sait qu'un poste de gestionnaire sera bientôt disponible, elle est très enthousiaste. Elle croit qu'il va lui offrir le nouveau poste. Alors qu'ils sont seuls dans son bureau, Bertrand lui fait des attouchements. Plus tard, il refuse d'admettre qu'il l'a agressée sexuellement lorsqu'elle dépose une plainte à son syndicat. Il maintient qu'elle est venue le rencontrer de son plein gré et qu'ils flirtent ensemble depuis quelques semaines. Corinne s'en veut. Elle croyait que les compliments de son patron étaient sincères et elle en était flattée. Elle lui souriait en retour, car elle voulait maintenir de bonnes relations avec lui. Elle se défend en disant qu'elle souhaitait un avancement professionnel et que d'être dans les bonnes grâces du patron est important à ses yeux. Il la blâme d'avoir profité de lui et de son attirance envers elle. Corinne ne sait plus quoi faire. Elle se sent coupable d'être allée dans le bureau de Bertrand et retire sa plainte. Les relations sont tendues et elle demande sa mutation dans un autre service. Elle renonce à l'avancement professionnel qu'elle convoitait.

Il est clair ici que Corinne n'a rien à se reprocher. Elle s'en veut pour quelque chose qu'elle n'aurait pu prévoir, à savoir les intentions de son patron. Non seulement elle a été agressée, mais en plus elle a depuis perdu ses collègues et un avancement professionnel auquel elle tenait. L'image qu'elle a d'elle-même l'empêche de s'accomplir comme elle l'aurait souhaité.

Dans un deuxième temps, il pourrait être tentant pour vous de croire que le contexte entourant l'agression sexuelle aurait été différent si vous aviez agi autrement. Par exemple, plusieurs adultes qui me consultent regrettent de ne pas avoir dénoncé plus tôt leur agresseur qui s'en est pris à d'autres enfants dans la famille. Il est triste mais vrai de dire que bien des enfants qui dénoncent ne sont pas crus par l'entourage. Donc, rien ne dit que votre dénonciation aurait empêché les agressions de se reproduire sur vous et sur d'autres enfants. De plus, vous en vouloir équivaut à prendre une part de la responsabilité des actes commis par quelqu'un d'autre, ce qui mine considérablement votre estime de vous-même et qui, de plus, est injustifié. Seul l'agresseur est responsable de ses actes.

Finalement, le manque d'estime de soi peut mener à un sentiment d'obligation important. Dans votre discours, il y a peut-être de nombreux « il faut » ou encore « je dois ». Certes, vous avez des obligations comme tout le monde, mais ne vous en mettez-vous pas davantage que ce que vous avez réellement ? Ces obligations vous empêchent-elles de vous épanouir, de vous sentir libre ? À force de vous couper les ailes, il vous sera difficile de prendre votre envol et de vous accomplir comme vous le méritez...

Un pas en avant

Capitaliser sur ses forces

Apprendre à se connaître et à se reconnaître est un défi de tous les instants. Si vous avez été agressé sexuellement alors que vous n'étiez qu'un enfant, vous traînez des séquelles qui affectent votre estime de vous-même depuis longtemps déjà. Il importe, en premier lieu, de cesser de voir le verre à moitié vide et de commencer à le voir à moitié plein. En d'autres termes, arrêtez de vous concentrer sur vos défauts pour prendre conscience de vos forces. Celles-ci existent bel et bien, elles aussi, à l'intérieur de vous-même. Elles peuvent être d'ordre physique (un atout particulier), d'ordre psychologique (une qualité) et d'ordre relationnel (la communication, la présence de personnes de confiance autour de vous), etc. L'important est de capitaliser sur vos forces. Ça n'effacera pas vos lacunes, mais vous serez davantage à même de vous apprécier. Si l'envie vous prend de formuler un commentaire négatif sur vous-même, sur quelque chose que vous avez fait ou non, assortissez ces mots d'un « peut-être » ou d'un « parfois ». Cela vous amènera à relativiser la teneur de vos propos. Si vous vous dites : « Je suis incapable de dire ce que je pense », vous pourriez dire à la place : « J'ai peut-être de la difficulté à dire ce que je pense. » Ou encore, si vous pensez que vous êtes toujours en train de vous plaindre de la moindre chose, vous pourriez vous dire : « J'ai parfois tendance à me plaindre plutôt qu'à agir. » Vous connaissez vos lacunes ; il ne sert à rien de vous faire croire qu'elles n'existent pas. Par contre, vous pouvez les nuancer. Comme nous l'avons dit précédemment, vous avez peut-être tendance à voir les choses comme étant le tout et son contraire. Nuancer vous permet de mettre les choses en perspective et, ainsi, une lacune peut devenir beaucoup moins importante et, même, s'avérer être une qualité par moments. Par exemple, se plaindre de tout et de rien peut être irritant pour vous et les autres, mais si vous vous plaignez parfois, cela signifie que vous êtes capable d'avoir une opinion et que vous avez suffisamment confiance en vos opinions pour les dire à voix haute. C'est un pas vers l'affirmation de soi.

S'affranchir du blâme

Pour développer ou retrouver l'estime de soi, il vous faut remettre la responsabilité de l'agression sexuelle à la bonne personne, à l'agresseur en l'occurrence. Si vous étiez enfant à l'époque, vous ne pouvez pas vous juger avec vos yeux d'adulte. On oublie trop souvent ce qu'est un enfant, ses pensées, ses émotions, ses comportements. Je vous recommande donc d'observer des enfants qui ont l'âge que vous aviez lorsque vous avez été agressé. Prêtez attention à leur joie de vivre, à leur innocence, à leur générosité et, surtout, à leur vulnérabilité. La plupart, fort heureusement, ne pensent pas qu'un adulte pourrait leur vouloir du mal. Pourriez-vous les blâmer si un adulte commettait des gestes de nature sexuelle envers eux ? Bien sûr que non ! Pensez à l'enfant que vous étiez en ces termes. Vous pourriez ressortir une photo de vous alors que vous étiez cet enfant. Reconnaissez la beauté et la bonté qu'il incarnait. Aimez-le inconditionnellement. C'est ainsi que vous pourrez aimer l'adulte qu'il est devenu…

Prendre soin de soi

S'aimer, c'est prendre soin de soi. En même temps, pour prendre soin de soi, il faut une bonne estime personnelle. Par quel bout commencer ? Si vous avez de la difficulté à vous estimer, il vous sera plus facile de vous conditionner à prendre soin de vous que de retrouver rapidement votre estime personnelle. Prendre soin de soi peut sembler difficile à concevoir, car encore faut-il croire qu'on le mérite. Le bonheur ne se mérite pas ; nous y avons tous droit. Si vous en doutez, commencez par vous répéter cette phrase le plus souvent possible : « J'ai le droit d'être heureux et je choisis de l'être. » Vous n'y croirez peut-être pas au début, mais cette phrase, à force d'être répétée avec tout votre cœur, fera son chemin dans votre esprit et vous en serez de plus en plus convaincu. Une fois persuadé que le bonheur est fait pour vous, il est temps de faire ce qui est en votre pouvoir pour vous faire plaisir, du moins dans votre quotidien. Concrètement, prendre soin de soi, c'est se donner des plaisirs qui peuvent être des activités de loisir, des moments de détente ou de petites récompenses. Vous êtes capable de vous faire plaisir même si vous avez un budget limité. Aller marcher ou nager, emprunter un livre à la bibliothèque, faire des jeux dans un cahier d'activités, dessiner, suivre une télésérie, aller voir une exposition au musée, chanter et danser sur votre musique préférée ; bref, je suis certaine que vous ne manquerez pas d'idées si vous vous y mettez. Prendre soin de vous, c'est donc vous occuper de votre bien-être physique, mais aussi de votre santé mentale et émotionnelle. C'est consulter un thérapeute compétent qui pourra vous aider à voir plus clair dans votre vie et à faire le ménage de votre passé. C'est également vous entourer de personnes qui vous font du bien et espacer, voire cesser, les contacts avec celles qui vous blessent et vous causent du tort. Finalement, c'est faire des choix éclairés en ayant en tête que votre sécurité et votre bien-être sont une priorité.

L'écriture qui guérit

Des exercices d'écriture peuvent grandement vous aider à consolider votre identité, à vous aimer dans votre entièreté et à vous affirmer dans différents contextes, face aux autres.

1. Pour développer une identité plus solide, vous pourriez commencer par soigner votre enfant intérieur blessé, si les abus remontent à l'enfance. Une bonne façon de le faire serait de lui écrire une lettre. Rédigez la lettre en vous adressant à l'enfant que vous avez été, et en lui parlant en qualité de l'adulte que vous êtes aujourd'hui. Voici un court exemple :
   « Cher Dominic, je regarde parfois les enfants jouer dans la cour de l'école et je sais que tu aimerais te joindre à eux. Tu aimerais connaître leur insouciance et le plaisir qu'ils ont à jouer. Même si tu crois qu'ils ne veulent pas jouer avec toi, ce n'est pas forcément le cas. Va les voir et demande-leur si tu peux jouer avec eux. Fais-toi confiance ! »
   Bien sûr, la lettre serait plus élaborée, mais l'idée ici est que l'adulte que vous êtes, avec son expérience et sa maturité, soutienne et conseille l'enfant que vous avez été.
2. L'enfant que vous avez été est devenu une femme, un homme. L'agression sexuelle ne vous a pas nécessairement laissé une image très positive des femmes ou des hommes. Plusieurs hommes victimisés mettent en doute leur masculinité, alors que plusieurs femmes victimisées rejettent une part de leur féminité. Or, le sentiment de masculinité et de féminité est très personnel et n'a pas à correspondre à un

stéréotype. Je vous invite donc ici à écrire : « Je suis un homme parce que... » ou : « Je suis une femme parce que... » Relisez votre réponse après coup et demandez-vous si elle a une connotation plutôt positive ou négative. Si elle est plutôt négative, demandez-vous quelles en sont les raisons. Ensuite, observez des hommes ou des femmes autour de vous, selon le cas, qui vous inspirent. Ces personnes et ce qu'elles dégagent pourront modifier positivement l'image que vous avez des gens de votre sexe.

3. Pour apprendre à vous aimer tel que vous êtes, il vous faudra réduire vos commentaires dépréciatifs, accepter les commentaires positifs et vous accorder des droits. Tout d'abord, je vous suggère de faire une liste de commentaires négatifs que vous vous répétez fréquemment. Pour chacun, demandez-vous son origine. Par exemple : « Je suis tellement idiote ! » Cela pourrait venir de votre mère qui vous répétait sans cesse que vous l'étiez. Ensuite, nuancez ce commentaire : « Il m'arrive d'agir sans avoir regardé l'ensemble de la situation, ce qui me conduit à regretter mes actes ou mes paroles par la suite. » Voyez-vous, c'est beaucoup plus constructif ! Ce défaut peut aussi s'avérer être une qualité par moments. Il s'agit en fait d'impulsivité et il est fort probable que vous agissez parfois en prenant des initiatives intéressantes qui font bouger les choses. Ne dit-on pas qu'on a souvent les défauts de nos qualités ? Il n'est pas question, ici, de faire disparaître vos défauts et de viser la perfection, mais plutôt de les dédramatiser, et d'en diminuer la portée s'ils vous causent des ennuis personnels et relationnels.
4. Vous recevez de temps à autre des commentaires positifs, mais vous ne les remarquez peut-être pas. Je vous propose donc d'inscrire dans un cahier de notes les compliments reçus et les succès remportés. Écrivez pour chacun la date, le nom de la personne qui vous l'a dit, le contexte et les mots

qui le composent. Les jours un peu plus gris, vous pourrez relire votre cahier de compliments. Ça fait du bien à l'estime de soi ! Même chose pour les succès. Écrivez la date et le contexte. Relire vos succès vous motivera à continuer à aller de l'avant et à réaliser d'autres accomplissements.

5. La prochaine étape est de vous reconnaître des droits. Bien sûr, ces droits ne doivent pas enfreindre la loi. Prenez le temps d'en faire la liste. Assurez-vous que la liste comporte surtout des droits de nature psychologique et émotionnelle. Par exemple…

   J'ai le droit d'aimer et d'être aimé.
   J'ai le droit d'être heureux.
   J'ai le droit de me reposer.
   J'ai le droit au plaisir.
   J'ai le droit de rire.

Lorsqu'elle est prête, vous pouvez retranscrire cette liste sur une feuille que vous collerez dans un endroit stratégique de votre domicile, afin que vous puissiez la lire souvent et qu'elle s'imprègne en vous. Vous verrez ! Sans trop vous en apercevoir, vous changerez d'attitude face à vous-même et face à votre vie… pour le mieux !

6. Lorsque votre identité est en voie d'être consolidée, que vous apprenez à vous aimer, il est plus aisé de vous affirmer. Il s'agit d'une étape cruciale pour vous affranchir de votre passé. Tout d'abord, répondez aux questions suivantes :

- Dans quels contextes est-il difficile de m'affirmer ? Pour quelles raisons ?
- Face à quelles personnes ou à quels types de personnes est-il difficile de m'affirmer ? Pourquoi ?
- Quels liens puis-je faire avec l'agression sexuelle que j'ai subie dans le passé ?

Ce sera plus facile à lire qu'à mettre en pratique, mais au besoin récitez calmement cette phrase : « L'agression sexuelle appartient au passé. Il m'appartient de la laisser là où elle est et de ne plus la voir sous les traits de situations ou de personnes dans ma vie actuelle. » Méditez sur cette phrase. Victime, vous ne pouviez vous affirmer face à votre agresseur. Survivant, il vous est difficile de vous affirmer dans de nouveaux contextes ou face à des personnes autres que l'agresseur. Mais alors que vous choisissez de vivre après avoir survécu, vous savez que vous affirmer, c'est d'abord et avant tout vous aimer ; vous aimer suffisamment pour faire de vous-même et de votre bien-être… une priorité ! Maintenant, réfléchissez aux contextes et aux gens avec qui il vous est plus facile de vous affirmer. Qu'ont-ils en commun ? Et vous, en quoi êtes-vous différent ? Vous pouvez chercher à comprendre ce qui est différent chez l'autre, mais vous avez peu de pouvoir sur ces changements. Par contre, reconnaître ce qui fait de vous une autre personne, plus confiante, plus affranchie, dans certains contextes, vous permettra de miser sur ce potentiel, car dites-vous bien que si vous arrivez à vous affirmer, c'est que vous en avez la capacité.

7. Parfois, ce qui nous freine, ce sont les attentes que, croit-on, les autres ont envers nous. En fait, ce sont souvent nos propres attentes que nous attribuons aux autres. Ces attentes sont-elles légitimes ? Réalistes ? Il convient de prendre le temps d'écrire vos attentes envers vous-même dans une colonne. Dans la deuxième colonne, écrivez en haut « Légitime » et, dans la troisième colonne, inscrivez en haut « Réaliste ». Lorsque vous aurez fait la liste de vos attentes envers vous-même dans la première colonne, vous n'aurez qu'à cocher dans la deuxième et la troisième colonne si vous considérez cette attente comme légitime ou non, réaliste ou non. Voici un exemple :

Attente	Légitime	Réaliste
Être le meilleur parent qui soit pour mon enfant	X	
Réussir tout ce que j'entreprends	X	
Me lever tous les matins avec le sourire		X

En conclusion, peu importe ce que vous avez vécu comme agression, faire la paix avec vous-même et vous affirmer sainement, c'est possible.

Chapitre 8
Aimer et se laisser aimer

L'amour est un état qui peut nous faire vivre des montagnes russes d'émotions. Certaines victimes d'agression sexuelle recherchent les hauts et les bas de l'amour, comme une drogue. D'autres ont peur de laisser tomber leur barrière et de faire confiance à un être aimé. Pour certains, établir une bonne communication et une connexion émotionnelle avec leur partenaire sera un défi de taille. Quelles que soient les répercussions de votre passé sur votre vie amoureuse, ce chapitre vous fournira des pistes de réflexion et de solution pour apprendre à mieux aimer et aussi à vous laisser aimer.

La dépendance affective

Etre amoureux de l'amour représente bien l'état d'esprit des personnes souffrant de dépendance affective. Elles sont en quête perpétuelle du regard de l'autre : un regard rassurant et aimant. C'est dans le regard de l'autre qu'elles existent. Or, cela leur cause beaucoup d'insécurité, car l'approbation de l'autre n'est pas constante et ses sentiments peuvent évoluer. La dépendance affective exprime généralement une grande carence dans l'amour reçu des parents, ou encore le fait que cet amour a été perçu comme conditionnel. Une fois adulte, la personne ayant vécu cela a toujours l'impression qu'elle doit mériter l'amour de l'autre et, ainsi, elle tombe dans le piège de négliger ses propres besoins pour mettre ceux de l'autre à l'avant-plan.

L'agression sexuelle subie peut aussi avoir contribué à développer une dépendance affective. Les gestes d'agression sexuelle étant souvent commis par une personne que vous connaissez et en qui vous avez confiance, une confusion entre abus, amour, affection, intimité et sexualité est fréquente. L'agresseur vous a peut-être même dit qu'il vous aimait. Cela peut vous amener à accepter l'inacceptable de la part d'un partenaire. Vous voulez qu'on vous aime et c'est tout à fait normal. Il vous faut par contre chercher l'amour au bon endroit ; à l'intérieur de vous-même pour commencer. Sans cet amour inconditionnel que vous vous portez, vous serez constamment à la recherche du regard, de l'approbation et de l'amour de l'autre. Et le prix à payer pour votre dépendance affective peut être élevé.

Mon père a quitté ma mère quand j'avais deux ans. Je ne l'ai jamais revu. Il m'a manqué toute mon enfance. Je ne comprenais pas qu'il me rejette. Il pouvait ne plus aimer ma mère, mais pouvait-il vraiment cesser de m'aimer, moi, sa propre fille ? J'ai été agressée sexuellement par mon oncle de l'âge de 8 à 12 ans. C'était un homme froid, sauf lors des agressions. J'ai rapidement compris que l'affection, la tendresse, pour les hommes, passait par la sexualité. Adolescente, j'étais active sexuellement dès l'âge de 13 ans. J'avais plusieurs copains qui me complimentaient et avec qui je couchais. Les filles me détestaient et me traitaient de pute. Pour moi, c'était normal. Un gars n'allait pas rester avec une fille pour ses beaux yeux. L'ennui, c'est qu'aujourd'hui, à 25 ans, je n'ai toujours pas connu de relation stable. Je ne comprends pas pourquoi. Je semble rendre les hommes heureux sexuellement. N'est-ce pas un bon début ?

Vous vous préoccupez beaucoup de ce que les autres pensent de vous. Vous mettez la satisfaction des hommes au premier plan, en espérant récolter de l'amour. Vous-même semblez faire le lien, dans votre témoignage, entre les agressions sexuelles commises par votre oncle et sa gentillesse par la suite. Vous reproduisez la même séquence où vous donnez du sexe en espérant récolter de l'attention de la part des hommes. Vous confondez l'abus, la sexualité, l'amour et l'affection. Les actes commis par votre oncle vous ont amenée à voir votre corps comme une monnaie d'échange pour de l'affection. Dans votre vie actuelle, vous espérez également que cette affection momentanée se transforme en amour. Pour que les hommes vous voient comme une personne à part entière, vous devez commencer par vous voir vous-même de cette façon. Donnez le temps aux hommes de vous connaître et d'avoir envie de vous fréquenter, plutôt que d'avoir rapidement des relations sexuelles. Cette attitude ne vous a pas servie jusqu'ici. L'estime que vous avez de vous-même est proportionnelle à celle que vous obtenez des autres. Voilà une matière à réflexion intéressante pour revoir votre rapport aux hommes.

Un manque de communication et de connexion émotionnelle

Plusieurs victimes connaissent des échecs amoureux à répétition, même si elles souhaitent plus que tout avoir une vie de couple heureuse. Cela peut s'expliquer d'abord, surtout chez les hommes, par une plus grande difficulté à parler de ses émotions. Vous sentez-vous vulnérable lorsque vous laissez transparaître vos émotions ? Pensez vous à ce que votre interlocuteur pourrait en faire ? Même s'il est vrai que votre agresseur a profité de votre vulnérabilité, croyez-vous que la personne que vous avez choisie pour partager votre vie amoureuse en fera autant ? Si vous l'appréhendez, cela peut vous inciter à vous refermer sur vous-même. Le manque de connexion émotionnelle devient souvent un irritant pour le partenaire amoureux. De plus, cela peut mener à une relation plus superficielle où l'amour profond et sincère n'est pas au rendez-vous. Dans d'autres cas, la relation peut être surtout pratique, c'est-à-dire qu'elle permet d'éviter la solitude tout en partageant les coûts de la vie, sans pour autant bâtir un lien solide à long terme.

Dans les couples où au moins un des deux partenaires a été agressé sexuellement par le passé, la communication est plus difficile. Il y a fréquemment de l'incompréhension de part et d'autre. Les carences affectives résultant des abus sexuels vous placent en mode survie et il devient difficile d'être réceptif à l'autre, car toute votre énergie est mobilisée par votre propre reconstruction. Attention ! Ce n'est pas de l'égoïsme ; c'est une façon de compenser les manques de l'enfance. Ce n'est pas facile pour votre partenaire, par contre, qui a, lui aussi, des besoins affectifs. J'ai vu de nombreux couples ayant une dynamique parent-enfant, où la victime tenait la position de l'enfant et était infantilisée par le partenaire, qui mettait de côté ses besoins affectifs pour prendre soin de l'autre. Même si ça peut marcher à court terme, à long terme, vous et votre partenaire êtes perdants. Vous vous retrouvez encore une fois cantonné dans une position de vulnérabilité, de dépendance, et votre partenaire nie ses besoins affectifs. Il y a tous les ingrédients pour nourrir du ressentiment. Si vous avez d'abord besoin de prendre soin de vous, il vous est difficile d'offrir un soutien émotionnel à votre partenaire lorsqu'il en a besoin. Cela peut l'amener à se refermer sur lui-même et, alors, la communication se fragilise au sein de votre couple. En effet, cette dernière existe toujours, car on ne peut pas ne pas communiquer : c'est un principe de base. Mais la communication non verbale peut prendre le dessus sur la communication verbale. Le mutisme et la fuite deviennent des gestes éloquents pour dire à l'autre qu'on ne souhaite pas lui parler, qu'on a besoin d'une pause.

Il vous faut donc retenir que le manque de connexion émotionnelle, que ce soit pour communiquer ses émotions ou pour être à l'écoute des émotions de l'autre, va de pair avec les difficultés de communication.

Des exemples de communication déficiente

La communication peut être problématique si les échanges verbaux sont quasi inexistants, ou limités dans leur fréquence et leur durée. Dans ce cas, vous parlez du strict nécessaire au quotidien. Vous n'apprenez pas à mieux vous connaître mutuellement, à partager des idées, des opinions, des valeurs, des projets. Le manque de communication verbale empêche la relation de s'approfondir, car le niveau des échanges demeure superficiel. Il vous est sûrement plus facile de maintenir ce niveau d'échange, car alors vous n'avez pas à vous dévoiler à l'autre et à risquer des blessures.

Dans d'autres cas, la communication est à sens unique, c'est-à-dire qu'un seul des partenaires s'exprime, alors que l'autre vaque à ses occupations et acquiesce du bout des lèvres. Il ne semble pas s'intéresser à ce que son partenaire dit. Peut-être le moment est-il mal choisi, mais, quoi qu'il en soit, si un seul des deux partenaires fait l'effort de garder le canal de communication ouvert, la situation pourrait rapidement se détériorer. Vous percevez probablement votre partenaire insistant et fatigant. Vous préférez de loin le silence à ses questions et monologues. Vous êtes pourtant dans un cercle vicieux : plus il insiste pour vous parler, plus vous vous repliez dans votre carapace. Plus votre carapace est fermée, plus il tentera de la percer pour vous atteindre. Il ne vous reste qu'à constater cette dynamique pour aller chercher de l'aide.

Certains couples parlent, mais ne savent pas s'écouter. Si vous êtes trop centré sur votre vécu et votre vision des choses, que vous êtes convaincu d'avoir raison, vous ne pouvez pas être à l'écoute de l'autre. Cela devient frustrant de part et d'autre, car aucun de vous ne se sent écouté ni respecté. Le manque d'écoute de votre partenaire peut raviver des blessures du passé, car votre agresseur n'a certainement pas été à l'écoute de vous et de votre ressenti. La colère peut alors être vive, sans que vous fassiez le lien avec votre passé. De l'autre côté, il peut vous être difficile d'écouter votre partenaire, car vous voyez peut-être la communication comme un duel gagnant-perdant et vous visez la position gagnante. Écouter l'autre pourrait vous donner l'impression de lui donner raison, et par conséquent de perdre, et vous avez déjà suffisamment perdu dans le passé.

Finalement, la communication peut devenir conflictuelle. Les désaccords sont nombreux; il n'y a plus de respect ni d'écoute. Vous avez perdu de vue vos objectifs communs. Dans une dynamique gagnant-perdant, personne ne veut perdre. Chacun veut gagner et imposer son point de vue; chacun se croit meilleur. Les conflits vous ont éloignés l'un de l'autre. Vous n'arrivez plus à voir ce que vous aimiez tant chez votre partenaire. Vous ne voulez plus de conflits, qui vous ramènent peut-être à votre passé d'agression sexuelle, mais vous ne savez pas comment faire autrement. Communiquer sans entrer en conflit est bien difficile avec le tsunami d'émotions que vous ressentez à l'intérieur de vous-même.

Les jeux de pouvoir

L'amour peut parfois vous faire sentir vulnérable. Cet état d'âme risque de vous rappeler, inconsciemment, le sentiment d'impuissance que vous avez éprouvé en tant que victime d'agression sexuelle. Deux réactions sont possibles.

1. Sans vous en rendre compte, vous avez pu ériger une défense dans votre psychisme pour vous protéger de blessures éventuelles : vous vous êtes juré de ne plus jamais être vulnérable ! Cette protection mise en place vous amène à prendre le contrôle dans vos relations intimes. Tout contrôler devient salvateur. C'est sécurisant et

apaisant. Lorsque votre partenaire ou les aléas de la vie viennent contrecarrer vos plans, la colère peut monter en vous, car vous devenez anxieux. Ce n'était pas ce qui était planifié. La rigidité dont vous faites preuve vous rassure, mais elle vous empêche de profiter des possibilités qui se présentent à vous. En plus, elle peut vous éloigner de gens que vous aimez, car ils n'accepteront pas vos comportements de contrôle.

2. La position de vulnérabilité vous est connue et vous êtes souvent attiré par des situations qui vous rappellent le passé, que vous le vouliez ou non. Vous vous retrouvez donc peut-être dans des relations où vous êtes victime de l'autre. L'autre peut avoir recours à la violence psychologique, à la contrainte, voire à la violence physique, sexuelle. Même si c'est triste, les recherches nous le confirment: plusieurs victimes dans l'enfance sont à nouveau victimisées à l'âge adulte. Il leur est difficile de s'affranchir de ce mode de comportement. Bien sûr, cela porte atteinte à l'estime de soi, car vous craignez de ne pas être en mesure de faire de bons choix relationnels. Ainsi, certaines personnes ont fui leur milieu familial abusif à un jeune âge en tentant de créer leur propre famille et ça n'a pas marché. Lorsqu'on quitte quelque chose sans en avoir fait le deuil, il est fort probable que les mêmes problèmes qui nous ont fait fuir se représenteront à nous. On peut alors avoir tendance à s'isoler ou encore à s'engager à répétition dans des relations destructrices.

Une méfiance face à l'amour

Plusieurs femmes ayant été victimisées craignent l'amour et s'aventureront peu ou pas dans des relations amoureuses stables. Bien avant l'amour, c'est souvent une peur des hommes qui est à l'avant-plan. Ceux-ci sont généralement décrits par ces femmes dans les mêmes termes que l'agresseur, donc comment arriver à leur faire confiance ? Si vous êtes une femme et que vous décidez de donner une chance à l'amour, vous ressentez peut-être de la méfiance et de l'insécurité face à votre partenaire. C'est la peur de faire confiance car, avant lui, quelqu'un vous a trahie, votre agresseur. Ça ne s'oublie pas juste comme ça. La peur d'être à nouveau trahie se transforme fréquemment en jalousie. C'est le reflet de votre insécurité.

Sarah est en couple avec Stéphane depuis trois mois. Ami de longue date, il connaît tout son passé, dont les agressions sexuelles que lui a fait subir, adolescente, son copain de l'époque. Stéphane est patient et attentionné. Sarah se sent bien et s'ouvre de plus en plus à lui. Elle entrevoit un avenir avec Stéphane. Ils décident par conséquent de vivre ensemble. Or, ils en viennent très vite à se disputer sans arrêt. Sarah pose beaucoup de questions à Stéphane, le texte constamment et s'inquiète de le voir partir. Plus elle manifeste son insécurité, plus Stéphane la traite de « contrôlante ». Il n'a alors qu'une envie… s'éloigner, pour de bon.

Si vous manquez de confiance envers votre partenaire, il vous sera difficile de bâtir une relation intime à long terme. Vos doutes vous garderont toujours un pas en arrière. Personne n'aime souffrir et il est donc tout à fait compréhensible que vous souhaitiez vous protéger pour éviter d'être utilisé, abusé, blessé, mais à mettre trop de barrières, vous devenez inatteignable, même pour le bon candidat. Tous n'aiment pas les défis et vous risquez d'en décourager plus d'un. Cela viendra renforcer votre crainte de l'amour et votre conviction que personne ne peut vous aimer réellement.

Une peur de l'engagement

Beaucoup fuient l'amour, les relations de couple et l'engagement. Parfois, c'est un choix conscient et assumé.

Patrick, agressé sexuellement de l'âge de 10 à 14 ans par son voisin, ne peut concevoir d'avoir une relation amoureuse avec un autre homme. Il est attiré par les hommes, mais dit ne plus vouloir souffrir. Les femmes ne l'intéressent pas. Ce sont de bonnes amies, sans plus. Même s'il assume son célibat, il décide de consulter une thérapeute.

La crainte de l'amour peut vous amener à fuir l'engagement à long terme dans une relation amoureuse. Cette fuite peut se manifester par des infidélités à répétition. Certaines personnes sont infidèles lorsque la relation devient plus sérieuse, voire engageante. C'est une façon pour elles de se préserver d'un attachement plus solide, plus durable. Si leur partenaire découvre l'infidélité et met fin à la relation, elles pourront toujours dire que ce n'est pas elles qui ont pris la décision de partir et, ainsi, se laisser croire qu'elles veulent être en relation amoureuse à long terme.

Vous pouvez aussi fuir l'engagement en vivant des relations très intenses, qui se terminent par une rupture abrupte. Dans ce cas, votre besoin affectif est grand, mais cette intensité émotionnelle et sentimentale devient dévorante et finit par vous effrayer, vous ou votre partenaire, ou encore les deux. Il est normal, après avoir subi une agression sexuelle, de vouloir se préserver, par crainte de se perdre ou de voir l'autre profiter de soi. En conséquence, tout ce qui rend vulnérable est difficilement envisageable. S'engager devrait pourtant apporter une sécurité, pensez-vous, mais, en même temps, cela revient à se mettre à nu, à accepter de marcher côte à côte avec quelqu'un vers l'inconnu…

J'ai par ailleurs rencontré plusieurs victimes d'agression sexuelle qui préféraient éviter de s'engager dans une relation amoureuse pour longtemps, car elles ne voulaient pas se sentir « prises ». Avec l'âge, l'engagement leur paraissait plus invitant, mais elles craignaient de s'abandonner à une autre personne et, ainsi, de perdre le contrôle. Car l'engagement, c'est aussi accepter de ne pas tout contrôler ; c'est construire une vie à deux.

Finalement, pour bon nombre de femmes, il est plus simple d'éviter toute relation avec les hommes, surtout une relation amoureuse à long terme. C'est plus sécurisant en apparence, mais cela les emprisonne dans leurs peurs et les empêche d'aller de l'avant.

Qu'il est parfois difficile d'aimer et de se laisser aimer...

Un pas en avant

Guérir de la dépendance affective

Il n'est pas aisé de se sortir de la dépendance affective, qui résulte de carences affectives provenant de l'enfance. Dans la section «L'écriture qui guérit», je vous inviterai à vous pencher sur les raisons de votre dépendance affective, mais, pour le moment, voici quelques conseils qui pourront vous aider:

1. Aimez-vous et ayez davantage confiance en vous-même. C'est le plus important. C'est vital comme l'air que vous respirez. Sans air, vous mourez. Sans amour de vous-même, c'est votre être qui se meurt et qui s'accroche à une bouée dans l'espoir de survivre. Cette bouée, c'est l'autre. Or, la bouée de sauvetage ne sera pas toujours là et il est bien angoissant de faire en sorte qu'elle soit toujours là, en cas de besoin. Apprenez à ne plus en avoir besoin en pouvant compter sur vous-même. Pour ce faire, vous aurez avantage à gagner en autonomie sur tous les plans. Soyez en mesure de répondre à vos propres besoins, particulièrement vos besoins affectifs. Je vous invite à lire (ou à relire) le chapitre 7 pour trouver des pistes concrètes qui vous aideront à y parvenir.
2. Ayez des occupations sans votre partenaire. Même s'il s'agit d'une personne fantastique, la vie ne tourne pas autour d'elle. La nature, le sport, les loisirs, le travail et

l'entourage sont également dignes d'intérêt. L'indépendance soigne la dépendance. Apprenez à vous épanouir sans l'autre. Relevez des défis. Recherchez le succès. Vous serez fier de vous-même et de vos accomplissements. Vous n'existerez plus uniquement dans le regard de l'autre.

3. Cessez de vouloir être le centre de l'univers de l'autre. L'autre existait avant de vous connaître. Il avait une famille, des amis, un travail, des loisirs. Il ne laissera pas tout tomber pour vous. Si vous l'exigez, vous risquez de le perdre définitivement. Cherchez plutôt à être le centre de votre propre univers.
4. Évaluez l'engagement de l'autre. Peut-être avez-vous l'impression d'être dépendant affectivement quand, au fond, c'est plutôt que vous ressentez le manque d'engagement de l'autre dans votre relation et que cela vous insécurise. Je vous invite donc à vous questionner sur la place que votre partenaire vous fait dans sa vie. S'il est rarement disponible, a toujours des prétextes ou ne donne pas suite à vos appels, il est peut-être temps de vous mettre à chercher quelqu'un qui soit disposé à être en couple.
5. Apprenez à vivre avec des incertitudes. Même si l'autre vous aime et vous le répète fréquemment, vous ne pouvez pas être certain de son amour ni de la durée de celui-ci. La vie n'offre aucune garantie. Personne ne connaît l'avenir. Acceptez de plonger dans l'inconnu, car c'est souvent en cherchant à tout savoir, à tout contrôler, qu'on oublie d'être ouvert et réceptif à toutes les belles choses qui peuvent arriver.

Établir une connexion émotionnelle

Pour que votre couple fonctionne, vous devez être en mesure d'établir une connexion émotionnelle avec l'autre. Pour ce faire, identifiez d'abord vos émotions et sentiments. Je vous suggère dans un premier temps de le faire seul. Réfléchissez à ceux que vous ressentez le plus souvent et nommez-les. Pour vous aider, en voici une liste, non exhaustive : aimé, amoureux, amusé, angoissé, anxieux, apeuré, attiré, bouleversé, calme, choqué, colérique, confiant, content, découragé, déçu, dégoûté, déprimé, désolé, détendu, déterminé, ému, ennuyé, exaspéré, fier, frustré, heureux, impatient, impressionné, impuissant, inquiet, malheureux, motivé, optimiste, pensif, perplexe, ravi, reconnaissant, reposé, serein, seul, soulagé, stressé, triste.

Dans un deuxième temps, lorsque viendra le temps de communiquer avec votre partenaire, vous serez capable de lui nommer l'émotion en lui spécifiant le contexte et, surtout, ce qui fait naître cette émotion en vous. Comme il sera bien sûr plus facile de le faire si la situation ne concerne pas votre partenaire, je vous suggère de parler d'abord de votre émotion dans un contexte extérieur. Par exemple : « Aujourd'hui, j'étais gêné quand mon patron a dit devant tout le monde que mon projet était le meilleur, car je sais que mes collègues ont tous travaillé fort et méritaient aussi qu'on les félicite. » Ce genre de confidences permettra à votre partenaire de mieux vous connaître. Vous pourrez alors discuter plus en profondeur et établir ce qu'on appelle l'intimité. Lorsque vous vous serez entraîné quelques fois, essayez, dans un troisième temps, de communiquer les émotions qui vous habitent dans une situation impliquant votre partenaire. Gardez la même formule que précédemment. Par exemple : « Je suis déçue que tu travailles samedi soir, car j'avais hâte qu'on soupe ensemble en tête à tête. On se voit peu, ces jours-ci. » Vous pourriez même ajouter une piste de solution. « Penses-tu qu'on pourrait se reprendre dimanche soir ou encore aller déjeuner samedi matin avant ton boulot ? » Ainsi, l'autre risque moins de prendre vos paroles comme un reproche, mais plutôt comme l'expression de votre désir de passer plus de temps avec lui.

Gardez en tête que chaque émotion a le droit d'exister tant que vous êtes conscient de sa subjectivité. Autrement dit, vous

vous sentez d'une certaine façon à cause de votre personnalité, de votre passé, de votre présent, de votre humeur de la journée, de votre niveau d'énergie, etc. Ainsi, la même situation pourrait générer chez vous une autre émotion à un autre moment. Par ailleurs, une autre personne pourrait se sentir différemment dans la même situation. Cependant, personne ne peut vous faire croire que votre émotion n'est pas juste ou qu'elle n'a pas sa raison d'être. On ne doit pas juger une émotion, seulement l'accueillir. Évidemment, si vous souhaitez que votre partenaire vous reçoive dans votre état émotionnel, quel qu'il soit, il vous faudra faire la même chose avec lui. C'est ce qu'on appelle l'empathie : être capable de se mettre à la place de l'autre et voir les choses de son point de vue. Cela inclut, bien entendu, l'état émotionnel. Retenez donc que, pour créer une bonne connexion émotionnelle, il vous faut : 1) cerner vos émotions ; 2) les partager avec votre partenaire en parlant au « je », en décrivant le contexte et le pourquoi de votre émotion ; 3) garder à l'esprit qu'une émotion est propre à chacun et à son vécu ; 4) faire preuve d'empathie envers votre partenaire.

Communiquer et s'entendre

Pour que votre relation de couple perdure, vous devez apprendre à bien communiquer. Tout le monde communique, mais pas forcément de la bonne façon. Voici, en rafale, quelques trucs à mettre en application :

Quand je parle…
… je parle de moi et non de l'autre ;
… je regarde l'autre ;
… je prends le temps de réfléchir, afin que mes propos reflètent bien ma pensée ;
… je parle avec mon cœur et non avec ma tête ;
… je garde à l'esprit que l'autre est mon coéquipier et non mon adversaire.

Quand l'autre parle…

… je suis sur le mode écoute et je m'assure qu'il a terminé avant de parler à mon tour;

… je le regarde;

… je me rends disponible (je ne pense pas à ce que je vais dire);

… j'écoute avec mon cœur et non avec ma tête;

… je me mets à sa place (c'est une marque d'empathie);

… je me rappelle que nous sommes des coéquipiers et non des adversaires.

Faire de la place à l'amour

Si vous souhaitez aimer et être aimé, encore faut-il que vous fassiez de la place à l'amour dans votre vie. Lorsqu'on craint quelque chose, il est tout à fait compréhensible qu'on cherche à l'éviter. En même temps, l'amour est vital. Je vous encourage donc à vous ouvrir à l'amour. Soyez réceptif et gardez l'œil ouvert. Ayez confiance en votre jugement. Vous pouvez vous répéter la phrase suivante: « J'attire à moi la bonne personne dans ma vie pour m'aimer tel que je suis. » Le meilleur antidote à la peur est parfois d'oser, tout simplement. Si vous entamez une nouvelle relation, prenez votre temps, afin de jeter des bases solides. Expliquez à votre partenaire que vous souhaitez y aller doucement. Si vous êtes sincère, l'autre le sentira et saura vous accorder du temps. Si vous vous sentez bousculé, ce n'est peut-être pas ce qu'il vous faut. Soyez à l'écoute de votre petite voix intérieure qui vous dira si, oui ou non, vous êtes sur le bon chemin.

Mettre ses limites sans mettre une barrière

Dans une relation, il est essentiel que vous sachiez vous affirmer. Savoir ce qu'on veut ou ne veut plus et le dire à l'autre permet de construire une relation sur des bases plus solides. Il est important que vous fixiez vos limites quant à ce que vous acceptez chez un partenaire et dans une relation. Par exemple, personne n'a le droit de vous maltraiter physiquement ou psychologiquement; cela doit être clair. Bien que les limites soient essentielles, prenez garde toutefois à ne pas mettre de barrière. La ligne peut parfois être mince. Une limite permet à l'autre de savoir jusqu'où il peut aller. Une barrière l'empêche d'avancer vers vous. Si vous demandez à votre partenaire de garder les sujets qui demandent de longues discussions pour le week-end quand vous êtes tous les deux reposés, c'est une limite. Mais si vous lui dites que ces sujets de discussion ne vous intéressent pas, là, vous mettez plutôt une barrière. Si c'est la bonne personne pour vous, elle saura respecter vos limites et pourra également affirmer les siennes. Dans tous les cas, n'oubliez jamais qu'une relation se bâtit dans le respect mutuel.

L'écriture qui guérit

Je vous ai donné beaucoup de conseils et d'astuces, dans la section précédente, pour vous aider à mieux accueillir l'amour et à mieux le vivre. J'ajouterai donc seulement deux exercices ici qui vous permettront d'y voir plus clair. Un peu d'introspection est toujours bienvenu.

1. Dans ce chapitre, nous avons recensé plusieurs entraves possibles à l'amour sain : la dépendance affective, le manque de connexion émotionnelle, les difficultés de communication, les jeux de pouvoir, la crainte de l'amour et la peur de l'engagement. Réfléchissez aux thèmes qui vous touchent particulièrement. Ensuite, prenez le temps de noter quelles sont, à votre avis, les causes de vos difficultés. Si, pour vous, il s'agit de dépendance affective et de jeux de pouvoir, prenez une feuille et écrivez en haut « Dépendance affective » et au milieu « Jeux de pouvoir ». Parmi les causes de votre dépendance affective, vous pouvez citer, par exemple, le divorce de vos

parents, le manque d'affection de votre mère, les moqueries des autres enfants, le manque d'estime de vous-même, etc. Pour chacune des causes, écrivez en quelques phrases le lien que vous faites : « Le divorce de mes parents a créé beaucoup d'insécurité chez moi et je me suis juré que, moi, je serais en couple pour la vie. Je tente donc de retenir un homme chaque fois que j'en trouve un. Chaque échec me fait revivre l'échec de l'union de mes parents. » Ce travail d'introspection ne sera pas facile et vous demandera du temps. Si cela vous paraît trop difficile, un thérapeute peut vous aider. Une fois les causes établies, vous vous sentirez libéré et vous pourrez laisser le passé là où il est, c'est-à-dire derrière vous.

2. Prenez une feuille et, au recto, écrivez ce que vous ne voulez plus chez un partenaire et, plus bas sur la page, ce que vous recherchez chez un partenaire. Au verso, écrivez ce que vous ne voulez plus d'une relation, puis, plus bas sur la page, ce que vous recherchez dans une relation. Il vous sera peut-être plus facile d'exprimer ce que vous ne voulez plus que ce que vous recherchez, mais, pour vous aider, vous pouvez écrire le contraire de ce que vous ne voulez plus. « Je ne veux plus d'un partenaire qui me sous-estime et me rabaisse » deviendrait ainsi : « Je cherche un partenaire qui saura m'apprécier comme je suis et me soutenir. »

Faire de la place à l'amour dans votre vie n'est peut-être pas facile, mais aimer et être aimé est un besoin fondamental chez tout être humain. Si vous avez choisi de combler ce besoin à travers une relation amoureuse saine, n'oubliez pas qu'elle doit tenir compte à la fois de vos besoins et de vos limites, et pas seulement de ceux de l'autre.

Chapitre 9

Réapprivoiser sa sexualité

Il était impossible d'écrire un livre s'adressant aux victimes d'agression sexuelle sans aborder la dimension sexuelle, car, parmi toutes les zones d'intimité transgressées, c'est probablement la plus importante, surtout lorsque les abus ont été subis à un jeune âge. En effet, c'est au cours de l'enfance que la sexualité prend forme. L'enfant est curieux, pose des questions et explore son corps, parfois avec d'autres enfants de son âge. Cela est tout à fait sain et adéquat. Or, certains adultes se servent de cette curiosité naïve pour satisfaire leurs propres désirs et besoins. En aucun cas, l'enfant ne peut donner son consentement à une activité sexuelle avec un adulte, car il n'a ni les connaissances ni la maturité nécessaires pour bien comprendre ce qui se passe. Si vous avez été agressé alors que vous étiez enfant, cela a sûrement laissé des séquelles dans votre sexualité, même si vous n'avez peut-être jamais fait ce lien. Pourtant, l'agresseur n'a pas respecté vos limites corporelles ni affectives.

Lorsque la sexualité sert à combler un besoin

Plusieurs victimes d'abus sexuel ont une sexualité motivée non pas par la recherche de plaisir, mais plutôt par la quête, souvent inconsciente, de combler un besoin et donc ultimement de se guérir. Voici quelques exemples de besoins qui peuvent trouver satisfaction dans la sexualité.

Le besoin de se vieillir

> *Joannie, 16 ans, a fréquemment des relations sexuelles avec des hommes âgés de 20 à 25 ans. Elle ne sait pas pourquoi, mais ces hommes l'attirent comme des aimants.*

Une personne qui a été agressée sexuellement en bas âge peut chercher à se sentir plus vieille, afin d'échapper à l'enfance et à l'état de vulnérabilité qu'elle ressent. Vouloir se vieillir peut aussi être une conséquence directe de l'abus, en ce sens que la victime n'a pas eu d'enfance et s'est vu vieillir trop vite.

Le besoin de performer ou de susciter l'admiration

> *Carl, 40 ans, aime avoir des relations sexuelles avec deux femmes à la fois. Son plaisir est décuplé par le fait de combler deux personnes. Martin, 26 ans, adore se vanter auprès de ses collègues au sujet de ses conquêtes. Il aime raconter qu'il couche avec une fille différente chaque soir.*

Les abus sexuels minent l'estime de soi. Le désir de performance permet de combler ce manque d'estime. Être admiré pour ses performances et ses conquêtes donne l'impression de retrouver une certaine estime de soi. Cependant, comme ce sentiment est éphémère, le comportement sexuel est à répéter constamment.

Le besoin de séduire

> *Claudine, 30 ans, n'a des relations qu'avec des hommes mariés. Aussitôt qu'elle voit une alliance au doigt d'un homme, elle se lance le défi de le séduire.*

> *Étienne, 22 ans, danse nu dans un bar gay. Il apprécie le regard de convoitise que les hommes posent sur lui.*

L'abus sexuel étant basé sur le pouvoir de l'adulte envers l'enfant, il n'est pas rare de voir la victime, une fois adulte, chercher à renverser cette relation en ayant elle-même le pouvoir dans ses relations. C'est ainsi qu'elle peut aimer conquérir les autres ou éveiller le désir des gens pour elle. Elle reste par contre maître dans ses rapports.

Le besoin de normalité

Sophie, 45 ans, est mariée depuis 15 ans. Elle a toujours trois ou quatre relations sexuelles par semaine avec son mari. Elle en retire peu de plaisir, mais tient quand même à maintenir la cadence.

L'abus sexuel peut causer tant de séquelles que ça peut parfois sembler irréel. Ainsi, plusieurs victimes souhaitent prouver, autant à elles-mêmes et qu'à leur entourage, qu'elles n'ont pas été affectées par les agressions. Avoir une activité sexuelle fréquente peut répondre à ce besoin de normalité. Si l'autre le croit, alors je le crois aussi !

Le besoin d'affection

Catherine, 18 ans, a des relations sexuelles où le plaisir de l'autre occupe toute la place. De son côté, elle préfère recevoir de l'affection.

L'abus sexuel tourne bien souvent autour des besoins et des désirs de l'agresseur. Il n'est donc pas rare de voir la victime, une fois adulte, se concentrer sur le plaisir de ses partenaires et mettre le sien de côté. Si en plus elle a manqué d'affection, alors le but des rapprochements physiques est d'abord et avant tout d'obtenir la tendresse qui lui a fait défaut. Cela peut aussi être le cas si les gestes d'agression sexuelle étaient commis en même temps que de l'affection était donnée. La victime en vient à associer sexualité et affection.

Une crainte à l'égard de la sexualité

Si vous avez été agressé durant l'enfance, vous avez commencé votre vie sexuelle sans y être préparé, sur des bases d'abus de confiance et de pouvoir. Pour toute victime d'agression sexuelle, quel que soit son âge, la sexualité a été imposée. Les gestes commis envers vous et ceux qu'on vous a demandé de faire ont été accomplis sans votre consentement ou par manipulation et chantage. Il ne serait pas étonnant que vous ayez développé, comme plusieurs victimes, une crainte de la sexualité, soit de manière plus générale, ou encore plus spécifique au contexte des agressions que vous avez subies.

Anne a été agressée par son entraîneur de natation. Les attouchements qu'elle a subis, entre autres dans les vestiaires, lui font éviter tout ce qui se rapporte aux piscines publiques et aux vestiaires. Elle ne peut avoir le moindre contact sexuel avec un homme sans éprouver des haut-le-cœur, même si elle est aujourd'hui adulte.

Steve a été agressé sexuellement par sa mère jusqu'à l'âge de 14 ans. Ils ont eu des relations sexuelles complètes. Aujourd'hui, Steve est incapable de se connecter émotionnellement lors des relations sexuelles avec sa copine. Il est froid et distant, concentré uniquement sur les sensations physiques.

Ces exemples ne peuvent couvrir à eux seuls toute la gamme des manifestations de crainte face à la sexualité. La peur de la nudité des hommes et des différentes formes de relations sexuelles (caresses manuelles, buccales et pénétrations) est notamment fréquente. Plusieurs personnes ont aussi tendance à éviter certaines images sexuelles ou de violence qu'on peut voir à la télévision ou au cinéma. Les agressions sexuelles commises à l'adolescence ou à l'âge adulte peuvent susciter chez la victime la peur d'une grossesse ou d'une infection transmise sexuellement. Ces peurs persistent bien souvent au-delà des agressions. La peur peut également amener une personne à changer brusquement d'idée. Alors qu'elle était consentante pour une relation sexuelle, elle éprouve tout à coup un malaise si puissant qu'elle doit reculer.

Peu importe le contexte de l'agression sexuelle, vous n'aimez probablement pas vous sentir vulnérable, ce qui rappelle inconsciemment les abus subis. Par crainte d'être désirable, vous avez peut-être mis au point certaines stratégies, comme vous cacher derrière des vêtements amples, avoir une hygiène déficiente ou entretenir une compulsion alimentaire qui vous maintient en surpoids. Ces comportements cachent fréquemment un malaise face à votre corps.

Quand la sexualité rappelle l'abus sexuel

Vous avez peut-être décidé d'affronter vos peurs et d'avoir tout de même une vie sexuelle. Cela n'empêche pas que vous pouvez avoir certains blocages spécifiques face aux gestes reliés aux abus que vous avez vécus. Sans vous en rendre compte, vous entrez peut-être dans un état dissociatif lors de contacts sexuels qui vous rappellent l'agression dont vous avez été victime : cela signifie que votre esprit est ailleurs même si votre corps est bien présent. C'est généralement le cas si vous avez de la difficulté à dissocier votre sexualité actuelle de l'agression passée. Cela ne veut pas dire que votre sexualité d'aujourd'hui ressemble aux abus subis, mais simplement que votre esprit, lui, fait un lien : il s'agit de sexualité.

Il peut aussi arriver que le plaisir ressenti lors d'une stimulation sexuelle rappelle les abus sexuels. Plusieurs victimes m'ont confié leur désarroi d'avoir ressenti une excitation sexuelle pendant l'agression. C'est très courant et, si c'est votre cas, vous ne devez aucunement vous sentir coupable. L'excitation ressentie ne diminue en rien le traumatisme ; au contraire, elle vient souvent l'amplifier.

Tim a subi des attouchements de la part de son père. Ce dernier se justifiait en lui disant qu'il n'avait qu'à le regarder pour voir qu'il aimait ça. Tim est malheureux, car il se souvient d'avoir eu des érections et même d'avoir éjaculé à deux reprises. Il est dégoûté de lui-même et n'arrive plus à éjaculer lors de rapports sexuels.

Comment expliquer que j'aie eu une érection pendant l'agression sexuelle? Est-ce que ça veut dire que j'étais consentant? Ce n'est donc pas une agression?

Le fait d'avoir une excitation sexuelle n'a rien à voir avec la notion de consentement. L'excitation sexuelle se manifeste comme une réponse physiologique à des stimulations d'ordre physique. Même si la tête et le cœur ne sont pas de la partie, le corps peut ressentir de l'excitation. Chez l'homme, il faut aussi faire la distinction entre l'orgasme et l'éjaculation. L'éjaculation est la suite logique de l'érection, où le corps ne fait que répondre à une stimulation sexuelle, voulue ou non. L'éjaculation peut très bien survenir sans orgasme. D'ailleurs, bien des hommes qui ont été agressés sexuellement souffrent, une fois adultes, d'éjaculation sans orgasme, appelée «éjaculation anhédonique». Chez la femme, il est possible qu'il y ait une lubrification vaginale lors d'une agression sexuelle. C'est une réponse physiologique à des stimulations physiques. Que vous soyez un homme ou une femme, il n'y a pas de honte ni de culpabilité à avoir. Nous ne maîtrisons pas les réactions de notre corps. Le plaisir sexuel est quelque chose de bien différent: c'est un tout qui y participe... le corps, la tête et le cœur. C'est lorsque vous expérimenterez le plaisir sexuel de manière consensuelle avec une autre personne adulte que vous verrez combien cela diffère de ce que vous avez vécu lors des abus sexuels.

Une sexualité compromise

Votre corps a une mémoire et, même lorsque vous êtes consentant, il se peut qu'il ne se montre pas coopératif. Plusieurs victimes vivent des dysfonctions sexuelles qui, trop souvent, compromettent leur sexualité actuelle. Elle leur rappelle le traumatisme vécu lors de l'agression.

> *Daphné, 22 ans, se sent bien différente de ses amies. Elles l'ont invitée l'autre jour à les accompagner au sex-shop. Daphné a prétexté un surplus de travail pour refuser. Elle n'ose pas leur dire qu'elle dort en pyjama, fait l'amour avec les lumières éteintes et ne se montre jamais complètement nue à son copain. Elle est dégoûtée par son corps. Elle accepte les avances de son amoureux une fois de temps en temps, par peur de le perdre.*

Le manque de libido est la conséquence la plus importante des abus sexuels. Cela entraîne une diminution des sensations sexuelles ou, parfois, leur absence totale. Chez les hommes, cela se traduit souvent par une difficulté à maintenir une érection. Le manque d'excitation sexuelle peut aussi s'expliquer par le dégoût ou la panique ressenti lors des abus.

Encore aujourd'hui, il est possible que vous ayez des flashbacks des agressions, durant les relations sexuelles. Cela peut assurément vous arracher au moment présent et faire cesser le plaisir que vous ressentiez avec votre partenaire. Des sentiments de malaise, voire de dégoût, sont susceptibles de se manifester. Si l'excitation sexuelle est difficile à atteindre, l'orgasme devient quasi impossible. Lorsque le corps n'est pas suffisamment excité ou que la tête n'y est pas, les relations sexuelles peuvent être douloureuses.

Beaucoup de victimes vivent des frustrations et s'arrangent pour éviter toute intimité sexuelle, éliminant du même coup bon nombre d'entre elles. Cependant, à long terme, leur relation de couple s'en trouve affectée, avec un partenaire qui se sent rejeté.

Des questionnements sur l'identité et l'orientation sexuelles

L'agression sexuelle porte atteinte à ce qu'une personne a de plus fondamental : son intégrité. Cela amène bien des victimes, surtout des hommes, à se questionner sur leur identité et leur orientation sexuelles. L'identité sexuelle est le sentiment d'appartenance à son sexe anatomique. Certains hommes victimisés peuvent questionner leur masculinité de deux façons différentes : soit ils associent la masculinité à leur agresseur et se demandent si, en s'identifiant en tant qu'homme, ils ne risquent pas eux-mêmes de devenir agresseurs ; soit ils se demandent s'ils ne porteraient pas en eux une certaine féminité qui aurait attiré l'agresseur.

> *Jonathan a été agressé sexuellement par son coach de hockey lorsqu'il avait 15 ans. Son entraîneur était un homme de large stature, avec une voix forte. Il aimait le sport et en avait toujours fait. Pour Jonathan, il était un « vrai homme ». Le fait que son coach se soit intéressé à lui le porte à se poser beaucoup de questions. Il se demande s'il avait l'air féminin. Jeune adulte, il n'est pas bien dans sa peau d'homme. Il ne se sent pas très masculin et se dit qu'il n'a pas ce qu'il faut pour séduire une femme.*

Chez les femmes, l'agression sexuelle peut aussi soulever des questionnements sur l'identité sexuelle féminine, comme c'est le cas de Monica.

> *Monica a été agressée sexuellement par un homme qu'elle a rencontré dans un bar. Il l'a suivie jusqu'à son auto et l'a violée. Alors qu'il l'agressait, il la traitait de salope qui aimait aguicher les hommes. Depuis cet événement, Monica a troqué ses robes et ses jupes contre des pantalons, ses souliers à talons hauts contre des chaussures de sport. Elle ne se sent plus aussi « femme ». Pour elle, une femme s'habille de manière séduisante et est plutôt passive dans ses rapports avec les hommes ; elle se laisse désirer. Ses croyances sont remises en question depuis l'agression.*

Dans notre société, les images de ce qu'est un homme et de ce qu'est une femme sont plutôt arrêtées. Alors que l'homme est censé être confiant, dominant, voire agressif, la femme doit être séductrice, passive et soumise. Ces stéréotypes sont de plus en plus remis en question, mais les victimes d'agression sexuelle y sont souvent particulièrement sensibles. L'homme ou la femme doit se dégager de ces stéréotypes pour trouver sa propre place. Ma réflexion en tant que thérapeute est la suivante. Si vous êtes un homme, l'agression subie ne vous rend pas moins homme pour autant. L'agresseur n'a pas été attiré par vous à cause de votre manque de masculinité. Les raisons pour lesquelles il a commis ces gestes lui appartiennent et vous n'y êtes pour rien. Si vous êtes une femme, l'agresseur ne vous a pas choisie parce que vous étiez séduisante ou plutôt passive. Des femmes de tout âge, de toute apparence et se comportant de différentes manières sont agressées. Ne vous blâmez pas pour ce que vous étiez.

Outre l'identité sexuelle, certaines victimes remettent en cause leur orientation sexuelle ou se questionnent sur son lien avec les abus sexuels subis durant leur enfance ou leur adolescence. Certains hommes qui ont été agressés par un homme et qui sont d'orientation homosexuelle s'interrogent à savoir s'ils seraient gays aujourd'hui n'eussent été les abus sexuels. Des femmes homosexuelles ayant été agressées sexuellement par un homme se demandent si elles ne se sont pas tournées vers les femmes par dégoût des hommes. D'abord, sachez qu'aucun lien n'a été établi entre l'orientation sexuelle d'une personne et les agressions sexuelles qu'elle aurait pu subir. Bien évidemment, beaucoup de personnes homosexuelles n'ont pas été agressées sexuellement durant leur enfance ou leur adolescence, et beaucoup de victimes d'agression sexuelle ne sont pas d'orientation homosexuelle. Si vous avez un tel questionnement, il pourrait être intéressant de l'approfondir avec un thérapeute, tout comme le malaise que vous semblez éprouver face à votre orientation sexuelle.

Une sexualité compulsive

Même si on en entend moins parler, certaines victimes, au lieu d'éviter la sexualité, vont plutôt souffrir d'une dépendance sexuelle, qui survient lorsque la personne est envahie de pensées à caractère sexuel, qu'elle doit traduire en comportements sexuels fréquents pour être soulagée. Ce comportement est particulièrement observable chez les hommes. Parfois, c'est un doute face à son identité sexuelle masculine qui pousse un homme à multiplier les rencontres sexuelles. Son succès dans ses conquêtes le rassure temporairement sur sa virilité. La compulsion sexuelle se manifeste aussi souvent par la masturbation compulsive et la consommation abusive de pornographie. Cette dernière entraîne un isolement important, car elle se fait généralement au détriment de la vie de couple et de famille. Elle nuit également aux activités professionnelles quand la dépendance est si forte que la personne ne peut s'empêcher de s'y adonner même pendant ses heures de travail. La compulsion sexuelle permet parfois à la personne d'atténuer temporairement ses symptômes dépressifs ou anxieux. Mais c'est un leurre. Ils referont surface tôt ou tard. Bref, dans la dépendance sexuelle, bien des gens canalisent leur mal-être à travers la sexualité. La sexualité devient un exutoire pour les difficultés actuelles. Pour d'autres, il s'agit avant tout d'une reprise de pouvoir.

Chez les femmes qui ont été victimes d'agression sexuelle, la compulsion sexuelle est plus rare, mais existe bel et bien. Je pense ici à des femmes qui ont une sexualité addictive et compulsive. Ce n'est pas tant la fréquence que le sentiment de dépendance qui est déterminant. Cela peut être une façon, pour une femme, de reprendre le contrôle sur sa sexualité et parfois aussi de prouver que c'est elle maintenant qui a du pouvoir sur la sexualité des hommes.

Claudia a été violée alors qu'elle était adolescente. Elle a vécu cette agression très difficilement. La peur et l'impuissance ont été les émotions dominantes. Aujourd'hui, elle aime séduire de façon compulsive. Elle recherche le regard des hommes, leur attention et fait tout son possible pour les intéresser, particulièrement ceux qui sont en situation d'autorité avec elle. Par la suite, elle les décourage et se montre indifférente. Elle disparaît de leur vie. Elle aime ce sentiment de contrôle et, surtout, leur déception lorsqu'elle leur annonce qu'il n'y aura pas de suite.

Dans ma pratique professionnelle, plusieurs femmes ayant été agressées sexuellement sont venues me consulter soi-disant pour un problème de promiscuité sexuelle. En les questionnant, je constatais qu'elles n'étaient pas dépendantes à la sexualité, mais s'inquiétaient de la fréquence de leurs relations sexuelles, qu'elles jugeaient élevée, ou encore de leurs comportements sexuels, qu'elles estimaient frivoles. Au final, dans plusieurs cas, il s'agissait davantage d'un jugement que les femmes portaient sur elles-mêmes que de réelle promiscuité sexuelle. Soit elles croyaient tellement au stéréotype de la femme soumise sexuellement qu'elles se disaient qu'il y avait forcément quelque chose qui clochait chez elles pour être aussi actives sexuellement, ou encore on leur avait tellement dit que leur sexualité serait problématique à cause des abus sexuels subis qu'elles s'étaient mises à juger leurs comportements sexuels pourtant tout à fait adéquats.

Un pas en avant

Savoir distinguer les besoins sexuels des besoins affectifs

Tous les êtres humains ont besoin d'affection, d'amour et de reconnaissance. Cependant, il est préférable d'essayer de répondre à ces besoins en dehors de la sexualité afin qu'il y ait le moins de confusion possible entre l'affection et la sexualité. Cette confusion est répandue chez les victimes d'agression, car les gestes sexuels commis à leur égard sont souvent présentés comme des marques d'attention et d'affection. Remettre la recherche de plaisir au centre de l'activité sexuelle crée un contexte plus favorable pour ressentir du désir. Vous comblez probablement plusieurs besoins dans votre vie sexuelle. Essayez de les identifier. Assurez-vous qu'ils sont davantage complétifs que défensifs, c'est-à-dire qu'ils visent votre épanouissement. Si votre vie sexuelle est inexistante, c'est peut-être que vous ignorez quels besoins elle pourrait combler. Une réflexion à ce sujet favoriserait certainement une ouverture chez vous.

Ranimer le désir

Le désir est le moteur de toute activité sexuelle. Il est donc essentiel de le cultiver, non pas pour faire plaisir à votre partenaire ou encore pour répondre à des attentes sociales, mais pour votre propre bien-être. Avant toute chose, vous devez reconnaître et accepter le lien entre vos difficultés sexuelles actuelles et les agressions sexuelles passées. Je suis consciente que cela ne se fera pas sans heurt et, au besoin, n'hésitez pas à consulter le chapitre 6 («Canaliser la colère») et le chapitre 11 («Faire ses deuils»). Accepter vous permettra peu à peu de vous affranchir d'un passé sexuel douloureux et vous pourrez vous concentrer sur le présent.

Pour développer votre désir, vous devez faire un travail à la fois cognitif et affectif. Il vous faut premièrement réfléchir aux croyances que vous pouvez avoir concernant les rôles sexuels et l'identité sexuelle. Si ces croyances sont trop stéréotypées, elles vous nuisent parce qu'elles vous empêchent de trouver votre place à vous. La masculinité et la féminité sont des concepts difficiles à définir, car il y a beaucoup d'hommes et de femmes qui ne vivent pas et ne pensent pas tous de la même manière tout en étant bien dans leur identité sexuelle. Deuxièmement, vous devez connaître vos valeurs sexuelles, vos désirs et vos besoins, afin de pouvoir choisir des partenaires sexuels qui soient en harmonie avec la personne que vous êtes. Il vous sera plus facile de vous accorder. Comme la confiance est un enjeu important chez les victimes, avoir un partenaire qui sait et respecte ce que vous voulez et ne voulez pas sur le plan sexuel est primordial. Pour qu'il le sache, il vous faudra lui faire part de vos besoins et de vos désirs.

Savoir mettre vos limites est important, mais si votre partenaire ne connaît que les interdits, il n'est pas dit qu'il trouvera ce qui vous plaît. À vous d'abord de le déterminer. Il est généralement plus facile de savoir ce qu'on ne veut pas que ce qu'on veut, mais nommer ce qu'on veut et ce dont on a besoin a un effet très puissant pour l'estime de soi et la confiance en soi. Le désir sexuel physique est souvent stimulé par l'imagination sexuelle. Si cette imagination est pauvre, voire inexistante, je vous suggère une sexothérapie pour ouvrir la porte, tout doucement.

Habiter son corps pendant les relations sexuelles

Vous avez peut-être remarqué que votre esprit est ailleurs durant les relations sexuelles. Soit vous pensez à autre chose ou vous êtes simplement détaché de votre corps. Vous n'avez donc aucune sensation. Cette réaction est un mécanisme de protection que beaucoup de victimes ont mis au point pour protéger leur intégrité pendant les agressions sexuelles qu'elles ont subies. Aujourd'hui, cependant, cette protection n'a plus sa raison d'être. Pour pouvoir l'enlever, encore faut-il que vous soyez convaincu qu'elle n'est plus nécessaire, tout en comprenant le rôle qu'elle a joué dans le passé. Une fois cela fait, vous pourrez entamer le travail à accomplir pendant les relations sexuelles pour habiter votre corps. La procédure est assez simple, mais cela ne signifie pas qu'elle soit facile. Voici ce que je vous suggère. Lorsque vous vous dissociez de ce que vous êtes en train de faire, identifiez vos pensées et les sensations dans votre corps. Par la suite, en dehors de tout contexte sexuel, prenez le temps de rectifier chacune de ces pensées. Par exemple, si vous vous dites: «Lui et son désir dégoûtant», vous pourriez remplacer par: «Il me trouve attirante comme je suis dans toute ma personne.» Ou encore: «Toujours ce qu'il aime, lui» par: «Allez! Montre-lui ce que tu aimerais, toi!» Vous serez ainsi capable de contrer ces pensées automatiques, lorsqu'elles vous traverseront l'esprit durant les relations sexuelles, en les remplaçant par des pensées justes et proactives.

Pour ce qui est des sensations dans votre corps, une fois que vous les connaîtrez, vous serez en mesure de repérer le moment où vous vous dissociez de ce qui se passe et, alors, vous pourrez choisir de rester dans votre corps et de vivre votre sexualité actuelle, une sexualité d'adulte à adulte, consentante et, idéalement, plaisante. Si, durant les relations sexuelles, vous choisissez d'habiter votre corps, lorsque les sensations physiques se manifestent, focalisez vos pensées sur l'ici et maintenant. Soyez attentif à votre respiration: elle vous permettra de faire le lien entre votre corps et votre esprit. Pour ceux qui sont plus kinesthésiques, imaginez la lourdeur de vos bras et de vos jambes. Cela vous aidera à demeurer sur place. Si malgré tout un flashback se produit, c'est un phénomène que vous ne pouvez pas contrôler; par contre, vous pouvez décider de sa portée. Voici quelques suggestions:

- Respirez profondément et de façon régulière. Cela devrait aussi ralentir les battements de votre cœur qui se sont probablement accélérés quand le souvenir est apparu.
- Dites quelques mots à votre partenaire afin d'être bien conscient que c'est avec lui que vous vous trouvez et non avec votre agresseur.
- Vous pouvez aussi changer de position sexuelle ou de caresse. Par exemple, si vous étiez sur le dos, vous pouvez basculer votre partenaire et vous installer sur le dessus.

Si les flashbacks sont fréquents et ne diminuent pas en intensité, c'est donc que le trauma reste très présent. Une psychothérapie est alors à envisager.

Se donner le droit au plaisir

La sexualité ne devrait pas être une tâche de plus à accomplir dans votre journée, une corvée ou même un défi personnel, encore moins quelque chose à endurer pour acheter la paix. Elle devrait être un échange avec une personne à qui vous acceptez de donner un peu de vous-même et qui fait la même chose. Accordez-vous le droit au plaisir. L'abus, la manipulation, le chantage, la violence font partie de votre passé sexuel. Aujourd'hui, sexualité peut rimer avec complicité et volupté. Le plaisir commence d'abord par la permission qu'on se donne de le ressentir. Ensuite, si votre tête et votre cœur sont de la partie, si vous prenez le temps de communiquer à l'autre vos désirs et vos envies, si vous êtes à l'écoute de votre corps et de ses ressentis, alors vous êtes sur la bonne voie !

Guérir de la dépendance sexuelle

C'est un bien grand objectif et il serait présomptueux de ma part de prétendre vous y aider en quelques lignes. Par contre, voici quelques conseils de base qui vous mettront sur la voie de la guérison :

- Il vous faut d'abord reconnaître que vous avez un problème et qu'il génère une souffrance. Les hommes sont souvent valorisés socialement pour leur libido et leur aisance à vivre leur sexualité. Lorsqu'on parle de dépendance et de la souffrance qui y est rattachée, il faut admettre que la compulsion sexuelle affecte des sphères importantes de sa vie. Par exemple, vous passez beaucoup de temps, au travail, à regarder de la pornographie ou vous prenez votre temps de pause, à midi, pour aller dans un club de danseuses nues plutôt que de développer vos relations socioprofessionnelles avec vos collègues. Vous devez aussi reconnaître l'état de manque: si vous n'avez pas ces comportements sexualisés, vous ressentez un vide.

- Une fois le problème reconnu et accepté, même si c'est difficile, il vous faut renoncer à ces comportements. Attention! Je ne dis pas ici de renoncer à toute sexualité, mais bien à ces comportements de dépendance. Par exemple, si vous regardez de la pornographie le soir plutôt que de vous coller à votre partenaire, éteignez l'ordinateur ou la télé et allez le rejoindre dans le lit. Peut-être ressentirez-vous un malaise à vous retrouver avec votre partenaire et vous comprendrez alors que c'est pour éviter cette intimité physique que vous avez développé votre compulsion sexuelle. Contrairement à la croyance populaire, ce n'est pas nécessairement la compulsion sexuelle qui entraîne des difficultés dans les sphères personnelles, amoureuses et professionnelles, mais plutôt la présence de difficultés dans ces sphères qui contribuent au développement de la dépendance sexuelle. La dépendance devient donc une façon d'éviter d'être confronté à des difficultés personnelles, des affects pénibles, des relations insatisfaisantes.
- Occupez les moments que vous consacriez à la satisfaction de vos pulsions sexuelles envahissantes par quelque chose de plus constructif: loisirs, activité physique, temps passé avec l'être aimé, avec vos collègues, etc.
- Allez chercher de l'aide professionnelle auprès d'une personne qui se spécialise dans ce domaine. Car même si vous arrivez par vous-même à cesser les comportements sexuels compulsifs, un travail thérapeutique vous aidera à éviter les récidives et à mettre le doigt sur ce qui se cache en dessous de cette dépendance.

L'écriture qui guérit

1. Après avoir lu tout le chapitre, il est peut-être de plus en plus clair pour vous que vous souhaitez guérir de votre traumatisme sexuel. Pourtant, vous questionner sur vos motivations profondes serait un exercice enrichissant. Écrivez sur une feuille : « Pourquoi est-ce que je veux vivre une sexualité plus satisfaisante ? » Puis écrivez cinq fois « parce que » en laissant une ligne libre sous chacun, comme ceci :

Pourquoi est-ce que je veux vivre une sexualité plus satisfaisante ?

Parce que

____

Parce que

____

Parce que

____

Parce que

____

Parce que

____

Complétez chacun des « parce que ». Peut-être que vous répondrez facilement à un ou deux, mais plus vous avancerez, plus vous aurez de raisons de guérir de votre traumatisme sexuel et de développer une sexualité saine.

Ensuite, en pensant à la sexualité que vous aimeriez avoir, écrivez : « J'ai le droit de... », puis complétez avec tout ce qui vous passe par la tête. Par exemple : « J'ai le droit d'être désiré même si mon apparence n'est pas parfaite, de recevoir autant de caresses que j'en donne, d'avoir du plaisir, de dire oui ou non lorsque mon partenaire me fait des avances. » Ce ne sont que des exemples ; c'est à votre tour d'y réfléchir.

2. Je vous invite à faire une liste de vos valeurs sexuelles. Par exemple : respect, liberté, amour, etc. Écrivez, pour chaque valeur, la façon dont vous voulez qu'elle se concrétise. Voici deux exemples :
   Respect : Je veux que mon partenaire et moi respections chacun les limites de l'autre.
   Liberté : Je veux que chacun se sente libre de dire oui ou non aux avances de l'autre.
3. Cet exercice est complémentaire au précédent. Tracez deux colonnes sur une page blanche. Inscrivez en haut de la première le mot « sain » ; et en haut de l'autre le mot « malsain ». Il ne vous reste plus qu'à décrire des attitudes, des sentiments et des comportements sexuels que vous jugez sains ou malsains. Cet exercice vous aidera à déterminer vos valeurs sexuelles.

En conclusion, les traumatismes sexuels sont probablement l'une des conséquences les plus importantes des agressions sexuelles. Maintenant que vous êtes conscient des répercussions que cela peut avoir sur votre intimité, il n'en tient qu'à vous de mettre en application les quelques conseils précédents pour retrouver une sexualité plus authentique.

Chapitre 10
Accompagner son enfant victime d'abus sexuel

Les enfants sont ce que nous avons de plus précieux. Malgré tout, il n'est pas toujours facile d'être parent, entre autres parce que nous portons nos propres blessures d'enfance. La plupart des parents souhaitent être un meilleur parent que celui qu'ils ont eu. Pourtant, tous n'y arrivent pas. Lorsqu'on a été victime d'agression sexuelle durant l'enfance, on aimerait que notre enfant n'ait pas à vivre le même traumatisme. Si c'est malheureusement votre cas, ce chapitre pourra vous aider. Si, par contre, cette thématique ne vous concerne pas, je vous invite à passer directement au chapitre suivant.

Ce que vit l'enfant

L'abus sexuel chez l'enfant est traumatisant, car celui-ci n'est pas préparé à vivre la sexualité qu'on lui impose. L'enfant peut être en quête d'attention, d'affection ou d'amour de la part d'un adulte, mais il n'est pas à la recherche de contacts sexuels, quoi qu'en dise l'agresseur. L'adolescent qui a ses premières expériences sexuelles consensuelles est la plupart du temps un peu mal à l'aise, gêné, alors imaginez le malaise que peut ressentir un enfant agressé par un adulte. L'enfant se sent bien souvent trompé, manipulé, trahi par cet adulte en qui il avait confiance. Il est confus, car l'adulte lui fait croire que c'est lui qui recherchait le contact sexuel. L'enfant se sent généralement coupable, à tort, a honte et gardera par conséquent le secret, ce que l'agresseur souhaite ardemment. De par son âge, son manque de connaissances et de maturité, sa vulnérabilité, il n'est pas nécessairement en mesure de distinguer ce qui est bien de ce qui est mal. On lui demande de garder un secret, on lui parle d'amour et d'affection. L'enfant ne connaît pas encore bien ces concepts d'adulte et est donc facilement manipulable.

Si l'agression sexuelle est commise par un membre de la famille, un climat de proximité physique a souvent été installé auparavant, mais la ligne qui ne doit pas être franchie est traversée. L'intimité de l'enfant est bafouée, on fait fi de sa pudeur, on lui impose une nudité, on lui fait des remarques déplacées. L'enfant ne sait plus où se réfugier, car sa maison, sa chambre ou la salle de bains ne sont plus des endroits sécuritaires où se retrouver en toute tranquillité. Il peut y avoir intrusion à n'importe quel moment. En général, cela met l'enfant dans un état d'hypervigilance qui ne le quittera pas, même une fois adulte. Si l'agresseur est un des parents, l'enfant développe une grande méfiance et une peur tout à fait compréhensibles. Celui qui devait lui assurer protection et sécurité l'utilise et le manipule pour ses propres besoins. Si l'agresseur est un frère ou une sœur, l'enfant peut se sentir trahi, car il percevait l'autre enfant comme un allié, un confident. Ils ont parfois découvert la sexualité ensemble, sous forme de jeu exploratoire, mais, là, une limite a été transgressée et l'enfant s'en trouve troublé.

Une réalité difficile à accepter

Ce que vit votre enfant est certes difficile, mais rien ne vous a préparé à l'épreuve que vous avez à traverser : apprendre que votre enfant a été agressé sexuellement, qui plus est, fort probablement, par quelqu'un que vous connaissez. Si l'agresseur est votre conjoint, la terre a dû s'arrêter de tourner. Votre vie a certainement changé. Peut-être même avez-vous eu de la difficulté à croire votre enfant au départ... Quoi qu'il en soit, vous avez dû être tiraillé entre votre conjoint et votre enfant pour au final, je l'espère, soutenir votre enfant. Mais ce soutien a un prix: perdre votre vie de couple et vos repères quotidiens, vous réorganiser financièrement. Après coup, peut-être vous en êtes-vous voulu de n'avoir rien vu. Peut-être aussi vous êtes-vous considéré comme un mauvais parent. Peut-être même vous êtes-vous senti coupable en vous reprochant de ne pas avoir donné suffisamment de sexe à votre conjoint... Je peux vous assurer que ça n'a rien à voir. Ce n'est pas parce que la fréquence de vos relations sexuelles est faible que ça donne le droit à votre conjoint d'aller assouvir ses besoins sexuels sur votre enfant.

Si l'agresseur sexuel est un autre de vos enfants, je suis certaine que vous avez vécu beaucoup d'émotions, que vous êtes passé de l'incrédulité à la culpabilité, encore. Bien sûr, il est difficile de prendre parti, car les personnes concernées sont vos enfants et vous les aimez tous les deux. Gardez en tête qu'ils ont besoin d'aide. Si l'agresseur est votre nouveau conjoint ou un de ses enfants, peut-être croyez-vous avoir manqué de vigilance et de discernement. En même temps, n'oubliez jamais que les agresseurs sont de fins manipulateurs et qu'ils cachent assez bien leur jeu. Si l'agresseur est un membre de la famille élargie, vous avez probablement le sentiment d'avoir été dupe, vous aussi. Les autres membres de la famille se sont sans doute prononcés en faveur de la victime ou de l'agresseur, des clans se sont formés, la famille est brisée. C'est pire encore si l'agresseur est le même qui vous a agressé vous, pendant votre enfance. Cela se voit, malheureusement.

Le passé vous rattrape

Si vous lisez ce livre, c'est que vous avez vous-même vécu une agression sexuelle par le passé. Lorsque vous découvrez que votre enfant a été victime d'abus sexuel à son tour, cela doit faire ressurgir bien des émotions, des souvenirs, des souffrances… Il y a alors la douleur en tant que parent de savoir ce que votre enfant a enduré qui s'ajoute à la vôtre, issue de votre propre histoire. Vous pouvez parfois confondre ce que vit votre enfant et ce que vous-même avez vécu. Le piège est de faire de la projection, c'est-à-dire d'attribuer à votre enfant les pensées et les émotions que vous aviez lorsque vous avez été agressé par le passé. Il n'est pas facile de rester près de son enfant, disponible pour lui, tout en ayant la distance émotive nécessaire pour ne pas accentuer sa souffrance.

Quand Karine a appris que David, son fils unique de huit ans, avait été agressé par leur voisin, son monde s'est écroulé. Leur voisin les aidait beaucoup depuis le départ du père de David. Il venait souvent leur rendre visite. Il était là pour les anniversaires. Il cuisinait pour eux. Il gardait David quand Karine finissait de travailler tard. Il l'emmenait jouer au hockey l'hiver, à la piscine l'été. Karine a été elle-même agressée par un oncle qui faisait aussi office de figure paternelle pour elle. Submergée par la souffrance face au rapprochement entre leurs deux histoires, Karine met d'abord en doute les propos de David : il a mal compris, il a fait croire au voisin qu'il voulait découvrir sa sexualité. Puis elle le culpabilise : il n'aurait pas dû accepter de se changer devant lui, ni de s'asseoir près de lui lorsqu'ils regardaient la télé. Karine aime son fils de tout son cœur, mais la culpabilité qu'elle-même ressent de n'avoir rien vu ni rien soupçonné est trop lourde à porter.

Quand Robert découvre que le fils de sa conjointe, un adolescent de 16 ans, s'exhibe devant son fils de 10 ans et exige de lui des caresses, il minimise la situation. Si ça se passe entre frères, dit-il à sa conjointe, ce n'est pas si grave ; ils découvrent la sexualité ensemble. Il ne veut pas entendre la peur de son fils de s'endormir le soir par crainte que son demi-frère vienne le retrouver. Il ne voit pas que son fils fait maintenant des cauchemars, s'absente de la maison autant qu'il le peut en allant chez des amis et que ses résultats scolaires baissent. Pour Robert, tous les enfants font des cauchemars et connaissent des difficultés à l'école à un moment ou à un autre. Lui-même, enfant, avait ces mêmes difficultés. Quand sa conjointe tente de faire le lien entre les abus qu'il a lui-même subis de la part de son cousin qui venait passer les vacances chez lui et ce que vit son fils, Robert nie avoir été traumatisé. C'étaient des expériences sexuelles parmi d'autres. Son fils trouvera donc réconfort auprès d'une tante, car son père ne peut regarder la situation en face.

Il arrive que la détresse du parent soit si grande qu'il lui est difficile, voire impossible, de soutenir son enfant. Il peut alors mettre sa parole en doute, le culpabiliser, nier ou minimiser ce qui s'est passé. Tout cela inconsciemment, dans le but d'apaiser sa propre souffrance qui émerge. Les parents qui ont fait un cheminement par rapport à leur passé de victimisation sont souvent plus réceptifs aux besoins de leurs enfants. Ils vivent par contre un tourbillon d'émotions. Ils peuvent ressentir de la colère et un désir de vengeance face à l'agresseur. Se venger de l'agresseur serait ici, symboliquement, se venger de son propre agresseur. La tristesse et l'impuissance peuvent aussi les habiter. Ils se demandent ce qu'ils peuvent faire pour atténuer la souffrance de leur enfant. Certains sont prêts à prendre cette souffrance pour qu'il retrouve sa gaieté et sa légèreté. Ils aimeraient revenir en arrière pour changer les choses, mais savent que c'est impossible. Plusieurs ressentent de l'anxiété et développent toutes sortes de malaises physiques : insomnie, baisse d'appétit, céphalées, douleurs musculaires, symptômes gastriques. En fait, ils somatisent leur anxiété. Finalement, la culpabilité tenaille aussi bien des parents, qui adoptent des comportements d'hypervigilance et de surprotection. Ils se disent qu'ils n'en ont pas fait suffisamment pour protéger leur enfant. Si c'est votre cas, n'oubliez pas qu'à cause du secret imposé par l'agresseur, il est bien difficile de savoir ce qui se passe avant que l'enfant ne le révèle. La plupart des enfants hésitent à dénoncer l'agresseur, car ils le connaissent et craignent les conséquences. Ne croyez donc pas que votre relation avec votre enfant est mauvaise ou encore que vous êtes un parent incompétent si votre enfant a tardé à vous dévoiler les agressions subies. Dites-vous que certaines personnes ne le diront jamais à leurs parents...

Les répercussions sur votre enfant

L'enfant victime d'abus sexuel est bouleversé, même s'il ne le montre pas toujours dans son comportement. Gardez en tête que les conséquences peuvent être manifestes ou intériorisées. La souffrance n'est pas toujours visible, mais elle peut ronger de l'intérieur. Les conséquences peuvent également être d'ordre émotionnel. L'enfant éprouve de la colère envers l'agresseur, mais aussi souvent envers ses parents. Il leur en veut de ne pas l'avoir protégé. Encore faudrait-il que vous l'ayez su ! Mais, dans la tête de l'enfant, son parent aurait dû savoir, car c'est son rôle de le protéger. C'est en parlant avec votre enfant, sans le culpabiliser d'avoir tardé à vous révéler ce qui se passait, que vous pourrez lui expliquer que si vous aviez su, vous auriez tout fait pour le protéger, car il est précieux à vos yeux et vous l'aimez plus que tout. Ses reproches face à votre inaction peuvent en fait cacher sa culpabilité de n'avoir pas su se protéger lui-même ou encore de ne pas avoir dévoilé les agressions plus rapidement. Il convient de lui rappeler que le seul responsable dans cette histoire est l'agresseur et personne d'autre. Il peut ressentir de l'incompréhension, de l'impuissance et de la tristesse, se demander pourquoi ça lui est arrivé à lui, se voir comme une proie facile. Ici, l'écouter sans le juger est encore la meilleure des attitudes. Il est important qu'il exprime sa peine. C'est ainsi qu'elle ira en diminuant.

D'autres enfants éprouvent de l'anxiété et développent différentes peurs : peur des inconnus, peur des hommes (si l'agresseur est de sexe masculin), peur de se retrouver seul, peur de s'endormir, peur d'un lieu rappelant les abus, etc. La peur n'étant pas quelque chose de rationnel, il est inutile de dire à votre enfant qu'elle n'a pas sa raison d'être. Tenter d'étouffer sa peur est pire : elle peut alors être somatisée et se manifester dans le corps à travers divers malaises.

Le comportement peut aussi changer à la suite d'une agression sexuelle. En premier lieu, il peut y avoir soit une régression, soit une amplification des difficultés liées à une étape du développement normal chez un enfant de cet âge. Par régression, j'entends que l'enfant retourne à des comportements d'enfant plus jeune que lui, à des défis qu'il a déjà surmontés. Par exemple, il recommence à faire pipi au lit, il suce son pouce, il demande une sucette ou un doudou. Ces comportements alarment souvent les parents, mais sont tout à fait normaux, compte tenu du traumatisme que vit l'enfant. Toucher une doudou ou sucer son pouce ou une sucette lui permet d'apaiser l'anxiété qu'il ressent. Si vous lui défendez de le faire, vous risquez de provoquer des crises majeures ou d'autres comportements régressifs. Tenez compte de l'âge dans votre raisonnement. Si l'enfant a 3 ans et se met à sucer son pouce ou s'il a 10 ans, je ne réagirais pas de la même façon. Comme c'est un comportement d'apaisement, lorsque vous le voyez y recourir, vous pouvez lui proposer un objet réconfortant ou encore vous approcher et lui offrir de lui caresser les cheveux ou de lui faire un calin.

Si, avant les abus sexuels, votre enfant avait des problèmes, ceux-ci risquent de devenir plus importants. Il pourrait faire davantage d'insomnie ou refuser de manger s'il boudait déjà la nourriture. Je mentionnais précédemment la possibilité que les difficultés d'une étape normale du développement soient amplifiées, en réponse aux abus. Par exemple, lors de l'entrée à l'école, plusieurs enfants sont anxieux; certains pleurent. Il se pourrait que votre enfant ressente davantage d'anxiété face à votre séparation et en raison du fait qu'il se retrouve dans un tout nouvel environnement, rempli d'adultes qu'il ne connaît pas. Sur le plan scolaire, l'enfant pourrait aussi rencontrer des difficultés: avoir de moins bonnes notes, s'isoler davantage, avoir des comportements agressifs, de délinquance, etc. Il serait judicieux d'informer son enseignant ou le personnel de l'école qu'il côtoie régulièrement de la situation qu'il vit et des possibles conséquences sur son comportement. Nous sommes à une époque où les adultes réagissent beaucoup (trop !) aux comportements des enfants sans tenter de comprendre ce qu'ils cachent. En punissant des comportements mésadaptés sans y voir la souffrance sous-jacente, on ne fait qu'enfermer cette souffrance à l'intérieur de l'enfant. Si celui-ci perçoit son environnement comme hostile ou menaçant, il est possible qu'il adopte des attitudes de méfiance et peut-être même de défi : il pourrait alors se tourner davantage vers vous en quête de protection. Il y a une différence importante entre défendre et protéger. En tant que parent, vous ne pourrez pas défendre des comportements d'agression ou de délinquance commis par votre enfant, mais vous pouvez le protéger en vous assurant que le milieu scolaire ou éducatif lui offre du soutien.

Finalement, que ce soit à la maison ou ailleurs, votre enfant pourrait avoir des comportements sexuels problématiques, par exemple se masturber de façon compulsive, pouvant aller jusqu'à s'infliger des blessures, s'exhiber devant d'autres enfants ou des adultes, s'adonner au voyeurisme, ou encore commettre des actes à caractère sexuel sur d'autres enfants. Ces comportements sont inquiétants et nous indiquent que l'enfant est traumatisé par son expérience d'abus sexuel. On pourrait expliquer ces passages à l'acte par une curiosité sexuelle qui a été éveillée par l'agresseur, une tentative de diminuer le trauma en rejouant la scène traumatisante des abus subis, une identification à l'agresseur en reproduisant les gestes qui ont été commis à son endroit, une colère et un besoin de dominer comme une riposte à la vulnérabilité qu'il a connue. Ces comportements ne peuvent être tolérés sous prétexte qu'ils sont compréhensibles. D'autres enfants deviennent alors victimes du vôtre. C'est sans compter que s'il a de tels comportements devant des adultes malveillants, ceux-ci pourraient en tirer avantage et vouloir abuser de lui. Si votre enfant a ce genre de comportements, vous devez consulter un professionnel.

Peu importe la façon dont votre enfant réagit à l'agression sexuelle dont il a été victime, il est essentiel que vous mettiez des mots sur ce qu'il vit. Ça l'aidera à faire le lien entre les abus qu'il a subis, ses émotions et son comportement. Tout seul, il en est incapable. Bien des adultes n'y arrivent pas eux-mêmes ! Mais, au-delà de toutes ces conséquences, l'enfant souffre surtout d'une baisse d'estime de lui-même et c'est probablement ce qui sera le plus long et ardu à réparer.

Votre enfant cherche à s'adapter

Votre enfant tente de s'adapter du mieux qu'il peut au traumatisme qu'il a subi. Voici quelques mécanismes qu'il pourrait utiliser pour tenter de s'en sortir. Pendant les abus sexuels, il pourrait faire de la dissociation, c'est-à-dire qu'il pourrait se couper des sensations dans son corps en se réfugiant dans sa tête. Certaines victimes m'ont rapporté qu'elles avaient l'impression que leur esprit se détachait de leur corps et qu'il flottait dans la pièce. Ainsi, elles voyaient quand même ce qui se passait, mais ne ressentaient rien. C'est comme si elles assistaient à la scène sans y prendre part.

Les autres mécanismes se mettent en place à la suite des abus sexuels, parfois après le premier passage à l'acte, d'autres fois plus tard. La victime peut chercher à éviter le sujet, l'agresseur ou le contexte. Ainsi, si vous demandez par exemple à votre enfant comment s'est déroulée sa journée, il pourrait vous répondre « bien » puis aller jouer ou vite passer à un autre sujet. Si vous l'interrogez davantage, il pourrait se fâcher en vous demandant pourquoi vous posez autant de questions ou, encore une fois, changer rapidement de sujet. Le matin, il n'aurait pas envie d'aller au camp ou à l'école ou vous demanderait de changer de groupe ou d'activités. De telles attitudes doivent éveiller votre vigilance.

L'enfant peut aussi faire preuve de déni si vous lui posez directement des questions. Comment, alors, savoir qu'il a été agressé si lui-même nie ce qui s'est passé ? Si vous lui dites régulièrement que vous l'aimez, que vous êtes là pour lui et qu'il peut tout vous dire, que vous pouvez tout entendre et l'aiderez s'il en a besoin, cela favorisera, espérons-le, la confidence.

Vous pouvez également parler en général des abus sexuels avec lui, à un moment donné, et lui dire que si jamais quelqu'un fait ce genre de choses en sa compagnie, il doit vous le dire car c'est mal, mais que lui, l'enfant, n'a rien à se reprocher. Vous pouvez aussi lui expliquer ce que sont un bon et un mauvais secret. Un bon secret nous fait sentir bien, alors qu'un mauvais secret protège quelqu'un et nous fait sentir mal. Est-ce qu'il a déjà eu ce genre de secret ? Bien entendu, le jour où il se confie à vous, tâchez de vous rappeler votre engagement à être réceptif et à l'aider.

L'enfant peut faire preuve de détachement émotionnel. Ainsi, lorsque l'abus est découvert ou dévoilé, il semble très fonctionnel et raconte ce qui s'est passé sans paraître ébranlé. Il est rationnel dans ses explications et tente parfois même d'expliquer pourquoi, selon lui, l'agresseur a agi de cette façon. Cela s'appelle la rationalisation. Trouver une explication qui semble probable apaise l'enfant temporairement.

Finalement, l'enfant peut faire un clivage, c'est-à-dire qu'il dissocie le bon du mauvais, tant d'une personne que d'un événement. Par exemple, il pourrait aimer les sorties avec son grand-père et les histoires que celui-ci raconte, mais détester son odeur et ses mains sur son corps.

Dois-je révéler à mon enfant mon propre passé de victime d'agression sexuelle ?

C'est une excellente question à laquelle il n'y a pas de réponse simple. Puisque, récemment, c'est votre enfant qui a été victime d'agression sexuelle, nous allons lui accorder la priorité et voir ce qui est le mieux pour lui. Doit-il ou non savoir que vous avez été victime d'agression sexuelle ? Et cela vous soulagerait-il de vous confier à lui ? Si vous avez besoin de parler à quelqu'un de ce que vous avez vécu, tournez-vous vers d'autres adultes en mesure de vous apporter du soutien ou, encore, consultez un thérapeute. Pour revenir à votre enfant, que gagnerait-il à savoir que vous avez été agressé sexuellement par le passé ? Certaines victimes d'agression croient que l'enfant se sentira plus à l'aise de parler avec elles s'il sait qu'ils « partagent » une épreuve similaire. C'est possible. Mais il est tout aussi probable que l'enfant se taise pour vous protéger et ne pas raviver des blessures de votre passé. Si vous fréquentez toujours votre agresseur parce qu'il fait partie de votre famille, par exemple, cela pourrait permettre à l'enfant de comprendre pourquoi vous ne voulez pas qu'il se retrouve seul en sa présence ou encore pourquoi la relation entre vous deux est tendue. Si vous avez le même agresseur, il pourrait vous en vouloir de ne pas l'avoir protégé. Si vous choisissez de dévoiler votre passé d'agression sexuelle à votre enfant, voici quelques conseils :

- N'entrez pas dans les détails. Votre enfant n'a pas besoin de savoir quels gestes exactement ont été commis, s'il y a eu violence, menaces, etc.
- Dites-lui que si vous lui racontez votre passé aujourd'hui, c'est pour qu'il sache que vous pouvez le comprendre, car vous êtes passé à travers quelque chose de similaire.
- Rassurez votre enfant sur votre capacité à l'écouter et à le soutenir, malgré votre passé. Si les confidences de votre enfant vous bouleversent, demandez une aide professionnelle.

Un pas en avant

Je suis certaine que ce chapitre vous a remué, car ce qui arrive à notre enfant nous touche au plus profond de notre cœur. Je ne prétends pas avoir de solution facile à votre souffrance, mais j'espère néanmoins ici vous apporter quelques réflexions thérapeutiques.

Protéger sans surprotéger

Malgré tout, même si vous savez que l'agresseur est le seul à blâmer, une partie de vous-même se sent peut-être encore coupable de ne pas avoir vu, su, entendu quoi que ce soit. Vous voyez votre enfant souffrir et vous êtes prêt à tout pour éviter que ça ne se reproduise. C'est tout à fait naturel et humain. Il est important, par contre, de savoir protéger sans surprotéger. Protéger serait entre autres de demeurer vigilant quant aux personnes susceptibles de s'occuper de votre enfant, en vous assurant de les connaître suffisamment s'ils peuvent à l'occasion se retrouver seul avec lui. Surprotéger votre enfant serait de le garder toujours près de vous. Ce n'est ni possible ni sain. Lorsque vous protégez votre enfant, vous lui montrez qu'il doit être prudent, qu'il y a du bon et du mauvais dans la vie, et que vous êtes là en cas de besoin. Lorsque vous le surprotégez, vous lui enseignez que le monde est dangereux et que vous n'avez pas confiance en lui. Il peut alors devenir très craintif face aux gens et au monde qui l'entoure, ou encore très hardi car il n'aura pas conscience des risques et des défis, n'ayant jamais eu à y faire face. Même si c'est difficile, il vous faut trouver un équilibre entre protéger votre enfant et favoriser son autonomie. C'est cet équilibre qui lui donnera un meilleur sentiment de sécurité, car il saura que vous êtes là pour lui et aura confiance en lui pour faire face à des défis et explorer le monde. Si vous êtes trop craintif, il serait bon d'envisager une psychothérapie.

Aller chercher de l'aide pour soi-même

Afin d'être présent pour votre enfant, il faut que votre cœur et votre esprit soient disponibles, c'est-à-dire que votre passé soit, autant que possible, « réglé ». Il n'est pas rare de voir que des adultes ayant été agressés durant l'enfance parlent pour la première fois de ce qu'ils ont vécu lorsque leur enfant est lui-même victime d'abus sexuel. Il faut dire que les services offerts aux victimes sont mieux organisés qu'à une certaine époque. Ainsi, le vécu de votre enfant génère une souffrance et des conséquences pour vous aussi, comme nous l'avons dit plus tôt. Votre enfant recevra une aide psychologique, mais je vous recommande sincèrement d'accepter l'aide qui vous sera offerte pour vous-même. En tant que parents, nous avons parfois tendance à nous oublier pour nos enfants, mais, ici, vous devez vous occuper de vous pour être plus apte à soutenir votre enfant. Choisissez un thérapeute différent du sien pour que vous soyez à l'aise de parler de vous et que la thérapie ne tourne pas autour de lui. Ensuite, optez pour un professionnel qui a de l'expérience auprès des victimes d'agression sexuelle et également en parentalité. Vous pourrez ainsi parler de votre passé, mais aussi de votre présent et de la façon dont ce que vous avez vécu se répercute sur votre rôle de parent. Finalement, visitez des sites Internet, appelez différents professionnels et fiez-vous à votre cœur. Si vous ne vous sentez pas bien durant le premier rendez-vous, changez de thérapeute. Le bien-être et le sentiment de confiance ne s'expliquent pas toujours.

Soutenir son enfant

Vous êtes bien intentionné et vous souhaitez que votre enfant aille mieux. Cependant, la souffrance que vous ressentez et le stress que toute la situation vous occasionne vous amènent peut-être parfois à ressentir de la colère envers lui, à remettre sa parole en doute ou encore à le culpabiliser. Rappelez-vous que ces attitudes provoquent une détresse importante chez votre enfant.

Lorsque c'est trop difficile, prenez du recul. Respirez profondément. Pleurez s'il le faut. Dites à votre enfant que c'est difficile pour lui et pour vous, mais que vous allez traverser cette épreuve ensemble. Plus vous le soutiendrez et travaillerez de concert avec les services sociojudiciaires, mieux votre enfant s'en sortira, malgré la nature des agressions sexuelles dont il a été victime. Les études le disent : le soutien parental est le meilleur prédicteur de résilience pour l'enfant abusé. Soutenir votre enfant, c'est aussi lui trouver un thérapeute spécialisé auprès des victimes d'agression sexuelle et formé pour travailler auprès des enfants. Le thérapeute doit être capable de voir au-delà des comportements de l'enfant et travailler sur sa souffrance profonde. La thérapie par le jeu et le dessin est tout à fait indiquée.

L'écriture qui guérit

Ici, je vous suggère l'écriture de deux lettres. D'abord, une lettre que vous adresserez à votre enfant et qu'il pourra peut-être lire un jour, quand il sera plus grand. Vous devez y exprimer ce que vous ressentez et vivez. Cette lettre vous libérera, mais sera en même temps un témoignage d'amour envers votre enfant. Parfois, les enfants, en grandissant, restent sur l'impression que leurs parents ne les ont pas soutenus lors des abus sexuels. Probablement parce que la souffrance des parents était trop importante et qu'ils n'ont pas suffisamment nommé leurs émotions et rappelé leur disponibilité à leur enfant.

La deuxième lettre sera destinée à l'agresseur. Elle vous permettra d'exprimer toutes vos émotions et ce que vous avez vécu à la suite des abus qu'il a commis envers votre enfant. Vous pourrez parler aussi du vécu de votre enfant et de sa détresse. Cette lettre est thérapeutique dans le sens où toute la colère et la peine que vous ressentez seront libérées. Par contre, je vous déconseille de l'envoyer sur un coup de tête. Il serait judicieux d'en parler avec un professionnel pour bien évaluer les conséquences de l'envoi d'une telle lettre. Écrire est thérapeutique et aide énormément à cheminer. Cependant, c'est un geste très personnel qui n'a pas à être partagé avec l'agresseur ou l'entourage.

Pour un parent, l'agression sexuelle de son enfant est une grande épreuve lorsqu'on songe au fait que notre plus grand désir est justement de le protéger et de le voir grandir heureux tout en gardant le plus longtemps possible sa naïveté. La qualité du soutien que vous offrirez à votre enfant demeure la clé de son rétablissement, ne l'oubliez pas. Toutefois, pour offrir du soutien, il faut parfois en bénéficier soi-même. N'hésitez pas à demander l'aide dont vous avez besoin.

Chapitre 11
Faire ses deuils

Nous avons vu au fil de ce livre toutes les façons dont les différentes sphères de la vie d'une personne victime d'abus sexuel peuvent être affectées. Ces diverses répercussions peuvent vous donner l'impression de vous être fait dérober certaines portions de votre vie ou d'avoir « perdu » beaucoup. Les pertes subies entraînent des deuils. Parfois, ces nombreux deuils n'ont pas été entièrement conscientisés. Faire un deuil est un processus complexe qui comporte plusieurs étapes. Vous les vivez, vous les portez, mais vous n'arrivez peut-être pas toujours à mettre des mots dessus. La première étape est de nommer ce qu'on considère avoir perdu...

Les deuils de l'enfance

Les enfants victimes d'abus ont généralement tendance à se refermer sur eux-mêmes, à s'isoler. Ils peuvent aussi avoir des comportements agressifs et, pour cette raison, être tenus à l'écart par les autres enfants. Plusieurs deuils peuvent être associés à cette période de la vie : le deuil des amitiés et du plaisir de jouer ; le deuil de l'innocence, si caractéristique d'une enfance heureuse.

L'agression sexuelle peut aussi amener l'enfant à remettre en doute l'amour qu'on lui porte. C'est le deuil de l'amour sincère et vrai. Une personne, souvent connue, a abusé de lui et de sa confiance. C'est le deuil du sentiment de confiance envers les autres. Les adultes autour de lui n'ont pas su le protéger. Il se sent privé du sentiment de protection et de sécurité auquel il a pourtant droit.

Lorsqu'il se met à douter de sa sécurité, l'enfant n'a pas l'esprit tranquille et souffre fréquemment de troubles du sommeil. Le sommeil est pourtant nécessaire à son développement physique et cognitif. C'est le deuil, inconscient bien sûr, d'un développement adéquat.

Plus généralement, la victime peut avoir le sentiment qu'on lui a volé son enfance et qu'elle a perdu quelque chose qu'elle ne retrouvera jamais.

Les deuils de l'adolescence

L'adolescence est souvent une période tumultueuse où on remet beaucoup de choses en question. Lorsque l'identité d'un individu est déjà fragilisée avant même son entrée dans l'adolescence, cette période est vécue encore plus difficilement. C'est ce qui arrive lorsque l'adolescent traîne des séquelles d'un abus qui a eu lieu pendant l'enfance. Les repères sont quasi inexistants, et l'entourage n'est pas jugé digne de confiance. Il reste par conséquent à s'isoler pour se protéger de dangers potentiels, ou encore à fréquenter d'autres jeunes probablement aussi écorchés que soi.

Dans toute cette période de révolte, l'adolescent a quand même besoin de croire en la bonté humaine. Il vit alors le deuil de cette croyance. L'adolescent, quoi qu'il en dise, souhaite entretenir de bonnes relations sociales. Mais plusieurs victimes d'abus sexuel ne parviennent pas à tisser ces amitiés si précieuses à l'adolescence. Par protection, certains se coupent des autres et renoncent donc à l'intensité de ces amitiés typiques de cet âge. À la recherche de ce sentiment d'appartenance qu'ils n'ont pas su développer, certains tenteront de le trouver, une fois adultes, dans des groupes d'entraide, des associations ou des groupes spirituels.

L'école est souvent secondaire dans les priorités de l'adolescent, passant bien après les amis. Lorsqu'on est victime d'agression sexuelle, il n'y a pas que la motivation qui est chancelante. Les facultés de concentration sont amoindries, ce qui entraîne des difficultés scolaires. Ainsi, plusieurs quittent l'école et se retrouvent sans emploi ou dans des emplois à statut précaire. Ici, le deuil à faire est celui de ne pas avoir pu étudier autant qu'on l'aurait souhaité et, par conséquent, de ne pas exercer la profession rêvée. Comme il n'est pas toujours facile de reprendre ses études à l'âge adulte, beaucoup de gens y renonceront, faisant ainsi le deuil de certains rêves ou ambitions professionnelles.

Les deuils de la vie adulte pour la personne agressée durant l'enfance ou l'adolescence

À l'âge adulte, notre sac à dos est normalement déjà bien rempli d'outils acquis pendant l'enfance et l'adolescence. Mais plusieurs personnes ayant subi une agression sexuelle durant ces périodes ne se sentent pas aussi bien outillées que d'autres pour affronter les défis qu'elles rencontrent. Des deuils refoulés ou non achevés au cours de l'enfance ou de l'adolescence peuvent s'additionner à ceux qu'amène la vie d'adulte, et donner l'impression à certaines victimes de partir avec une lacune, particulièrement dans le domaine affectif. Il est possible qu'à cette étape de votre vie, vous compreniez mieux l'ampleur des blessures subies par le passé. Le sentiment de légèreté et de tranquillité d'esprit que vous observez chez les autres peut vous échapper. Aussi, l'instabilité émotive que vous ressentez peut vous amener à perdre certaines relations amicales, amoureuses ou familiales. Différents deuils pourront donc être vécus pendant cette période : deuil d'un bien-être global, deuil de relations amoureuses saines ou d'une sexualité satisfaisante, deuil des relations familiales harmonieuses... En plus des répercussions relationnelles, l'abus sexuel peut avoir laissé des séquelles suffisamment lourdes pour vous empêcher de développer votre plein potentiel sur les plans personnel et professionnel. Vous pouvez avoir à faire le deuil de certaines possibilités.

Les deuils de la personne agressée sexuellement à l'âge adulte

La vie adulte est généralement une quête de ce qu'on est, de ce qu'on veut, puis, dans un monde idéal, la consolidation de cette quête. La personne agressée à l'âge adulte voit souvent sa quête interrompue. Elle consacre toute son énergie à tenter de survivre au traumatisme de l'agression sexuelle. Pour certains, cela représente le deuil d'accomplissements tels que la poursuite d'études supérieures, l'accès à un poste convoité ou encore le fait d'avoir une relation amoureuse stable ou de fonder une famille. La victime pourrait se comparer à des personnes de son entourage et être déçue de ne pas avoir atteint ses objectifs de vie, contrairement à ceux qu'elle aime.

Pourquoi faire son deuil

Ma thérapeute m'a parlé de l'importance de faire le deuil de mon enfance. Je n'en ai pas envie. J'ai l'impression que si je fais mon deuil, je vais oublier les torts que mon père m'a causés. Ce serait comme laisser tomber la petite fille que j'ai été.

Je comprends tout à fait. La petite fille que vous avez été a beaucoup souffert des gestes commis par son père, ainsi que des répercussions que ces gestes ont eues sur elle et probablement sur la famille aussi. Ces souffrances, vous les portez certainement encore aujourd'hui et c'est pourquoi votre thérapeute vous a suggéré de faire un processus de deuil. Le deuil ne signifie pas qu'on oublie ce qu'on a perdu, mais plutôt qu'on tente, à l'aide d'un cheminement, de laisser derrière soi cette partie de notre vie. Elle reste là, elle a eu lieu, elle ne s'effacera pas. Que pouvez-vous faire aujourd'hui de cette souffrance ? Vous la portez depuis déjà bien longtemps, n'est-ce pas ? Et si vous la déposiez à vos pieds, le temps de reprendre votre souffle ? Ensuite, si vous le souhaitez, vous prendrez le temps de la regarder, de la ressentir, avec toutes les émotions qu'elle fera surgir, car faire son deuil, c'est aussi faire face à sa souffrance pour accepter, ensuite, de la laisser derrière vous. J'espère que la lecture du reste du chapitre vous permettra une réflexion plus approfondie sur le deuil et, avec votre thérapeute, vous pourriez explorer ce qui vous empêche d'aller en ce sens. Mais peut-être que votre questionnement est le suivant : « Pourquoi faire mon deuil ? Qu'est-ce que ça va m'apporter ? »

Ne pas faire son deuil, c'est vivre dans le passé. Or, le passé est, comme son nom le dit, « passé ». Vivre dans le passé, c'est repenser à ce que vous avez vécu, mais aussi à ce que vous auriez pu faire autrement, comme si les choses avaient pu être différentes. Ne pas faire son deuil, c'est également refuser de vivre le présent. En revoyant les scénarios des abus, vous vous imaginez faire ceci, dire cela, en espérant que l'issue aurait été autre. Vous ne pouvez en être sûr. Par contre, pendant tout le temps que vous passez à remuer ces pensées, vous occultez le présent, votre présent. Vous vous empêchez de vivre de belles choses qui pourraient survenir aujourd'hui, à condition que vous ayez cette ouverture. La porte que vous n'arrivez pas à fermer derrière vous vous empêche d'en ouvrir une autre et personne ne sait ce qui se cache derrière. Et si, derrière cette porte que vous ne parvenez pas à ouvrir sans avoir fermé l'autre, se cachait le bonheur ? Vous ne pouvez pas reprendre ce qui a été perdu, mais vous pouvez en revanche développer des attitudes qui vous aideront à accueillir le bonheur à bras ouverts : un sentiment de sécurité, la confiance, l'amour.

Il n'est pas facile de faire le deuil des agressions passées et du tort qu'elles vous ont causé. C'est pourquoi plusieurs personnes ayant été agressées sexuellement se retrouvent coincées à cette étape du cheminement vers un avenir meilleur. Tout le monde vit des deuils à un moment ou à un autre. L'important est de les affronter et de ne pas les fuir. Lorsqu'on vit un deuil, cela peut nous ramener à un deuil non achevé antérieurement.

La mère de Sarah est décédée il y a cinq ans. Elle lui manque terriblement. C'est sa mère qui l'a encouragée à porter plainte contre son grand-père et qui l'a accompagnée dans toutes ses démarches. Tous les jours, elle pense à sa mère. Faire les deuils entourant son agression sexuelle signifie, pour Sarah, faire le deuil de sa mère ; elle n'y est pas prête.

Faire son deuil, c'est aussi reconnaître ses anciens modes de comportement pour, par la suite, y renoncer. Cela peut vous conduire à la dépression, car ces derniers, même s'ils étaient malsains, vous étaient familiers.

Justin avait l'habitude d'éviter toutes les situations conflictuelles. Ainsi, il préférait souvent ne pas se plaindre face à un voisin bruyant, à un collègue envahissant ou à un patron trop exigeant. Un jour, il a lu dans un livre qu'il devait faire face à ses problèmes plutôt que de les éviter. Il est donc entré en conflit avec plusieurs personnes de son entourage. La tension dans ses relations l'a conduit à démissionner de son emploi. Sans lettre de recommandation de son dernier employeur, il lui a été impossible de trouver un nouvel emploi équivalant à celui qu'il avait. Ayant dû accepter un travail exigeant un niveau de compétences inférieur à sa formation, avec un revenu beaucoup moindre, Justin est tombé en dépression et s'est mis à boire. Il regrette sa tendance à l'évitement qui lui assurait une certaine stabilité dans sa vie, malgré tout.

Dans ce cas-ci, c'est une difficulté à répondre à ses propres besoins et à mettre en place de nouvelles stratégies d'adaptation qui a conduit Justin à la dépression. Mais la dépression peut aussi survenir si vous avez trop longtemps refoulé des émotions de tristesse, de colère ou de culpabilité. Vous êtes-vous permis de pleurer les abus que vous avez vécus et les pertes qui en ont résulté ? Lorsque je pose cette question à un patient, il me répond bien souvent qu'il lui serait inutile de le faire maintenant. Pourtant, laisser sortir vos émotions et les accueillir serait faire preuve de bienveillance envers l'enfant que vous avez été et l'adulte que vous êtes devenu. Peut-être croyez-vous que la dépression est un signe de faiblesse et refusez-vous, par conséquent, d'en reconnaître les signes.

La dépression se caractérise par la tristesse, l'isolement, un manque d'intérêt et de plaisir, une faible estime de soi, un sentiment de culpabilité, des problèmes de sommeil, l'abus d'alcool ou de drogue, l'impression que l'avenir est « bouché » et, ultimement, la croyance que la vie ne vaut pas la peine d'être vécue, ce qui peut mener à des idées, voire des projets, suicidaires. La dépression peut donc survenir si vous refusez de faire votre deuil. Bien sûr, en faisant votre deuil, il se peut que vous ayez l'impression qu'une partie de vous-même est en train de mourir, mais c'est aussi parce qu'une nouvelle partie de vous-même est en train de naître. Cette période de transition peut être pénible. Cependant, si vous êtes accompagné par un professionnel, cette renaissance vous sera bénéfique.

Un pas en avant

Faire un deuil n'est pas facile, mais en faire plusieurs l'est encore moins. Il vous faut savoir que ce n'est pas une décision qu'on prend et qui se transpose tout simplement en action. Il s'agit d'un cheminement. Autrefois, on parlait d'étapes du deuil, mais, de nos jours, beaucoup de spécialistes s'entendent pour dire qu'il s'agit d'un modèle réducteur. Un deuil n'est pas seulement la succession de quelques étapes. C'est un véritable travail sur soi avec des hauts et des bas, avec des avancées et des replis sur soi, des retours en arrière lorsque la peur prend le dessus. Chaque personne vit un deuil différemment et je n'ai pas l'intention de vous limiter à une façon unique de faire les vôtres. Je sais par contre qu'il est difficile d'aller de l'avant dans son deuil tant et aussi longtemps qu'on est dans le déni, même partiellement. Il vous faut donc regarder en face ce que vous avez vécu et remettre la responsabilité aux bonnes personnes.

Carole tentait d'excuser les gestes commis par son père en pointant du doigt sa consommation d'alcool. Inconsciemment, cela lui permettait de garder intacte son image. Il n'en demeure pas moins que bien des gens consomment de l'alcool sans pour autant commettre des gestes d'agression sexuelle. Même si rationnellement elle comprenait que les gestes de son père étaient répréhensibles, elle continuait à rechercher son amour, même adulte, car son déni l'empêchait de voir qu'il avait été un père inadéquat. Faire le deuil du père qu'elle n'a pas eu, mais qu'elle aurait aimé avoir, la rendrait en colère, triste, mais elle cesserait de porter en elle cette carence affective qu'elle tentait de combler, inconsciemment, en choisissant des partenaires plus âgés, froids, sauf lorsqu'il était question de sexualité. Sans s'en rendre compte, Carole continuait de se victimiser par ses choix relationnels.

Lorsque vous regarderez en face les pertes que vous avez subies, il est fort probable que naîtront des émotions de colère et de tristesse. Vous en voudrez à la terre entière, avec un sentiment profond d'injustice : « Pourquoi moi ? » Vous serez en colère contre l'agresseur, mais aussi peut-être contre vos proches qui ne vous ont pas cru ou protégé. Tâchez cependant de ne pas vous en vouloir. Vous n'y êtes pour rien. Dirigez votre colère vers l'agresseur ;

il est le seul à blâmer. Cette colère peut être déstabilisante, car vous pourriez avoir des pensées de vengeance envers l'agresseur. Avoir des pensées est une chose ; les mettre à exécution en est une autre. Si vous craignez de commettre des gestes répréhensibles, consultez un thérapeute pour vous aider à mieux vivre avec votre colère. Pour trouver des outils qui vous aideront à surmonter votre colère, reportez-vous au chapitre 6 qui est consacré à ce sujet. Certaines personnes ayant été agressées sexuellement m'ont dit n'avoir jamais ressenti de colère, mais avoir été en dépression pendant de nombreuses années. La dépression peut cacher une colère bien enfouie qui n'est pas exprimée. Dans ce cas, la meilleure façon de vous sortir de votre dépression est de prendre contact avec votre colère, par exemple en écrivant une lettre à l'agresseur (voir p. 95), sans la lui envoyer, juste pour avoir la possibilité d'exprimer vos émotions. La colère peut aussi ressortir si vous regardez des photos de vous, enfant. Vous prendrez alors conscience de votre vulnérabilité et ressentirez de la colère. Si vous vivez une grande tristesse ou même une dépression, vous devez vous accueillir avec votre peine. Pleurez, pleurez, pleurez encore. Il viendra un moment où vous n'aurez plus de larmes. C'est là que vous saurez que vous êtes prêt à passer à une autre étape. Ne plus pleurer ne signifie pas que votre deuil est accompli, mais il est en bonne voie de l'être.

Retrouver l'enfant en soi

Peu importe la forme que prendront votre cheminement et les émotions qui en ressortiront, il est important que vous entriez en contact avec l'enfant à l'intérieur de vous-même. Cet enfant qui a été malmené a bien besoin d'amour, de compréhension et de compassion. Pour vous adresser à lui, cherchez une photo de vous-même, enfant. Observez l'enfant sur la photo, regardez ses yeux. Essayez de vous connecter à lui. Comment était-il ? Qu'aimait-il ? Qu'est-ce qui le rendait heureux ? Malheureux ? De quoi avait-il peur ? Parlez-lui. Prenez l'engagement de prendre soin de lui. Il vous est peut-être difficile de prendre soin de lui si vos parents ont été incapables de le faire. Alors, comment faire? Respectez ses peurs et ses limites. Lorsqu'il est triste ou en colère, ne le repoussez pas. Écoutez-le. Aimez-le tel qu'il est. Cela vous paraît peut-être étrange, mais l'adulte que vous êtes conserve au fond de lui l'enfant qu'il a été. C'est à vous, maintenant, d'en prendre soin.

Si vous avez été agressé à l'âge adulte, retrouver l'enfant en vous prend un tout autre sens. Cet enfant était peut-être heureux, confiant à l'égard de son avenir, la tête pleine de projets pour «quand il serait grand»... Prenez une photo de lui et parlez-lui. Tentez de vous reconnecter avec ses projets, ses rêves et regardez vers l'avant. Il est encore possible de les réaliser...

L'écriture qui guérit

1. Une autre façon de communiquer avec l'enfant en vous est de lui écrire une lettre. Dans cette lettre, vous pouvez lui parler de ce qu'il a traversé, de votre compassion envers lui, de l'enfance qu'il aurait dû avoir, des pertes qu'il a subies, etc. L'important est que vous soyez en mesure de lui offrir du soutien, de l'amour, pour qu'il puisse se réparer, se reconstruire. Écrire cette lettre suscitera sans aucun doute de vives émotions. Certains patients avec qui j'ai travaillé ont écrit la lettre en plusieurs fois. N'oubliez pas que vous êtes probablement en train de prendre conscience de plusieurs pertes liées à l'abus passé. Ces pertes, vous les connaissiez, mais elles étaient peut-être enfouies dans votre inconscient. Vous les faites donc remonter et cela peut être douloureux. Cela vous oblige à faire face à votre traumatisme, encore une fois. Pourtant, si vous avez lu le livre jusqu'ici, cette mise en face est peut-être moins douloureuse qu'elle ne l'aurait été auparavant. Si vous avez été agressé à l'âge adulte, vous pouvez

aussi écrire une lettre à l'enfant que vous avez été. La forme sera différente, mais le but reste le même : vous reconnecter avec lui. Qu'a-t-il à vous apprendre ? Rassurez-le en lui disant que vous n'avez pas oublié qui il était et quels étaient ses rêves. Engagez-vous à le faire revivre à l'intérieur de vous-même.

2. Un autre exercice d'écriture qui pourra vous aider consiste à dresser une liste des pertes subies à la suite des agressions sexuelles. Peu importe l'âge que vous aviez lorsque c'est arrivé, cet exercice vous permettra de prendre conscience des pertes subies à tout âge, donc des conséquences durant l'enfance, mais aussi durant l'adolescence et à l'âge adulte. Vous pouvez d'ailleurs les regrouper selon ces trois périodes : enfance, adolescence, âge adulte. Pour que l'exercice soit plus bénéfique, je vous encourage à écrire au « je ». Par exemple :

Durant l'enfance :

« J'ai arrêté de croire que mes parents sauraient me protéger de mon grand-père qui profitait de chaque moment où nous étions seuls pour me faire des attouchements. »

Durant l'adolescence :

« J'ai perdu la chance de me faire des amis et de connaître le plaisir d'appartenir à un groupe, car je m'isolais dans ma chambre avec des pensées suicidaires. »

À l'âge adulte :

« J'ai perdu confiance dans le fait que je puisse rencontrer quelqu'un qui m'aimerait gratuitement, sans vouloir profiter de moi. ».

Lorsque vous aurez terminé la liste de vos pertes, il est important que vous exprimiez par écrit l'impuissance que vous ressentez face à celles-ci. Cette impuissance pourra par la suite se transformer en lâcher-prise. En effet, vous ne pouvez retourner en arrière pour empêcher ces pertes. Lâcher prise signifie donc que vous acceptez, aussi douloureux que ce soit, que ces pertes ont eu lieu. Cette étape est essentielle, car sinon vous restez fixé dans le passé et vous ne pouvez aller de l'avant. En travaillant sur vous-même, vous pouvez amoindrir les pertes de l'âge adulte. Une fois reconnues, les conséquences de ces pertes peuvent faire l'objet d'un travail sur soi. Par exemple, s'il vous est impossible d'avoir une relation amoureuse parce que vous n'arrivez pas à faire confiance aux autres, la lecture du chapitre 8 a pu vous aider à surmonter vos difficultés.

Tout le travail que vous avez fait sur vous-même vous met par contre face à un ennemi de taille : le temps. Effectivement, tout deuil demande du temps, et le deuil de vos pertes passées ne fera pas exception. Il ne faut pourtant pas oublier qu'avant de gagner, il a bien souvent fallu perdre. Aujourd'hui, alors que vous achevez de lire ce livre, vous pourrez dire que vous avez peut-être perdu quelques plumes, mais que vous avez gagné une plus grande estime de vous-même, et davantage de confiance en l'avenir.

Chapitre 12
Regarder devant

La lecture de ce livre vous a permis de faire un travail de fond sur les séquelles de l'agression sexuelle. Des thèmes difficiles ont été abordés et des émotions ont certainement rejailli. La souffrance que vous avez vécue est peut-être toujours présente, mais j'ose espérer qu'elle est atténuée. Ce chapitre se veut un regard sur l'avenir. Celui-ci ne sera probablement pas sans nuage, mais les éclaircies que vous y verrez vous aideront à tenir le coup. Cela dit, rien ni personne ne peut malheureusement garantir que vous ne serez plus jamais victime d'agression. En ce sens, je souhaite partager avec vous certaines réflexions visant la mise en place de stratégies qui vous aideront à vous protéger.

Se protéger physiquement : acquérir des bases d'autodéfense

Plusieurs personnes suivent des cours d'autodéfense ou d'arts martiaux à la suite d'une agression sexuelle. Ces cours seront d'autant plus efficaces si vous avez déjà la conviction que vous valez la peine d'être protégé. Vous devez croire à l'importance de lutter. C'est pourquoi la force du mental est primordiale. Ensuite, ces cours vous inciteront à développer votre instinct de survie et une certaine vigilance au quotidien en adoptant des comportements sécuritaires. Les cours d'autodéfense ont plusieurs effets positifs, selon plusieurs victimes que j'ai rencontrées. Ils diminuent la peur en apportant un sentiment de pouvoir personnel et ils permettent de savoir se défendre avec son corps ou encore avec des objets du quotidien. Certaines personnes me disent qu'elles n'y arriveront pas, qu'elles ne sont pas violentes. C'est là que l'instinct de survie entre en jeu. Il s'agit non pas d'aimer la violence ou de vouloir voir l'autre souffrir, mais de sauver sa peau.

Corinne a été agressée sexuellement à l'âge adulte par un inconnu alors qu'elle faisait son jogging. Elle a reçu de l'aide dans un centre pour femmes et a bénéficié de cours d'autodéfense. Même si elle avait peur au début, elle a recommencé à faire du jogging. Elle se sent maintenant plus en sécurité. Elle sait que, même si elle est petite, elle peut se défendre grâce aux techniques apprises. Elle est fière du chemin parcouru et reconnaît qu'une partie du travail d'autodéfense se fait dans la tête. Lorsqu'elle a fait ses ateliers, c'est son instinct de survie qui l'a amenée à crier aussi fort qu'elle le pouvait pour attirer l'attention. Malgré tout, Corinne s'assure de courir quand il fait jour et dans des endroits fréquentés. Au centre, elle a aussi rencontré une autre femme qui aime faire du jogging. Il leur arrive de s'entraîner ensemble.

Se protéger socialement : s'entourer de personnes dignes de confiance

Les agressions sexuelles sont souvent commises par des personnes que les victimes connaissent. Il n'est donc pas surprenant que plusieurs victimes s'isolent par la suite, car elles ne font plus confiance à personne. Pourtant, être isolé vous fait courir davantage de risques d'être à nouveau agressé sexuellement. Je vous recommande par conséquent d'être entouré, mais de bien choisir les personnes que vous voulez autour de vous. Il vaut mieux avoir peu de gens près de soi, mais des personnes de confiance. Avoir un entourage de qualité est sécurisant. Cela permet aussi d'avoir toujours quelqu'un à qui se confier.

Il n'y a pas de recette infaillible pour savoir qui est digne ou non de confiance. Par contre, certains trucs peuvent vous aider. D'abord, prenez le temps de bien connaître la personne avant de commencer à la fréquenter en privé. Intéressez-vous à son entourage. Le vieil adage « Qui se ressemble s'assemble » a un fond de vérité. Écoutez attentivement la personne lorsqu'elle vous parle de son passé. Observez bien son comportement. Est-elle impatiente ? Dominante ? Sexiste ? Colérique ? Montre-t-elle des signes d'arrogance ? Ou, au contraire, a-t-elle un comportement séducteur ? Fait-elle beaucoup de compliments ? Bien entendu, ce ne sont que des repères, mais ils peuvent vous aider à faire preuve de prudence face à certaines personnes.

Dans une perspective sociale, il serait intéressant de vous adonner à un loisir de groupe qui vous permette de rencontrer des gens. Ces rencontres vous feraient sortir de votre isolement et, qui sait, de nouvelles amitiés pourraient se nouer. Privilégiez les sorties de groupe et ne brusquez pas les choses en amitié, car l'intimité doit prendre du temps à se développer. Certaines relations sont plus légères que d'autres et se limitent au partage de loisirs communs, ce qui est déjà bénéfique. Ces sorties peuvent vous permettre de vous changer les idées, de découvrir de nouveaux intérêts et d'occuper votre temps de manière constructive. Des loisirs existent pour tous les goûts ; du sport aux arts, vous trouverez certainement quelque chose qui vous plaira.

Se protéger mentalement : être conscient de ses forces

Tout au long de ce livre, nous avons mis en lumière vos difficultés et vos lacunes. Même s'il est très important d'être conscient de ses faiblesses pour se fortifier, il ne faut pas oublier de miser sur ses forces ! Vos forces sont votre carburant, ce qui vous permet d'avancer et d'aller plus loin, de dépasser vos peurs. Exploiter vos forces contribuera grandement à votre épanouissement personnel. Selon le courant de psychologie positive, l'espoir, la curiosité, l'amour et la gratitude sont les principales forces que possèdent les personnes satisfaites de leur existence. Et ce sont des états que vous pouvez apprendre à cultiver au quotidien.

Garder espoir quand les choses vont mal n'est certes pas facile. Cependant, l'espoir, c'est croire que les choses peuvent changer, que vous pouvez changer de vie. Cela ne se fera pas du jour au lendemain, mais ne baissez pas les bras. Demeurez curieux face aux gens et à la vie en général. Essayez d'apprendre, de comprendre et de voir les choses autrement. Cela vous gardera actif mentalement et vous permettra de laisser place à la nouveauté dans votre vie, ce qui peut être très stimulant et positif. Faites une place prépondérante à l'amour: l'amour de vous-même et des autres. Aimer ne veut pas dire exiger ou être dans l'attente, mais plutôt donner et recevoir. Finalement, ayez de la gratitude à l'égard de la vie qui, même si elle ne vous a pas épargné, a de belles choses à vous offrir. Ouvrez les yeux et regardez autour de vous. Il y a toujours une raison pour exprimer de la gratitude: une nouvelle journée qui s'amorce, le sourire de quelqu'un, le fait d'être en bonne santé, d'avoir un toit sur la tête... C'est un changement d'attitude, peut-être, mais qui vous apportera un changement intérieur.

Ces quatre grandes forces sont à mettre de l'avant, car la meilleure protection qui soit est encore la force mentale. À cela, vous pouvez ajouter une plus grande estime de soi et une plus grande confiance en soi et en la vie. Au besoin, relisez les chapitres 4 et 7 pour vous inspirer.

Trouver de l'aide extérieure

Même si ce livre a pu vous aider à cheminer, du moins je l'espère, il est important de pouvoir compter sur une aide extérieure. Vous vous dites peut-être que vous êtes bien entouré, que vos amis ou les membres de votre famille sont là en cas de besoin... Ils sont un bon réseau de soutien, soit, mais il est important de pouvoir compter sur une aide professionnelle ou, à tout le moins, sur un réseau d'aide qui ne soit pas émotionnellement lié à vous. Vos amis et votre famille vous aiment et vous les aimez, mais cela ne signifie pas que vous soyez à l'aise de leur révéler certaines de vos pensées ou émotions. De même, ceux-ci ne se sentiraient peut-être pas à l'aise de vous faire front lorsque c'est nécessaire, par souci de ne pas vous blesser. Le réseau d'aide extérieure est là pour ça.

Ce réseau peut être composé de différentes personnes. Tout d'abord, un thérapeute. Celui-ci doit posséder des diplômes et être membre en règle d'un ordre professionnel. Vous devez vous en assurer dans le but de vous protéger, car cela vous garantit une certaine compétence de la part de la personne qui vous aidera. Choisissez un thérapeute qui a l'habitude de travailler avec des victimes d'agression sexuelle. Cette personne doit être assez solide pour que vous puissiez lui raconter votre histoire sans avoir à la ménager. Il m'est arrivé, dans ma pratique, de rencontrer des patients qui me confiaient s'être censurés auprès d'autres thérapeutes par le passé, car ils avaient l'impression de les troubler par leurs récits. Vous ne devriez pas avoir à censurer votre histoire, ni votre souffrance.

Certaines personnes hésitent à consulter, car elles ont l'impression de se retrouver (encore) dans une relation de pouvoir. Or, ce ne doit pas être le cas. La thérapie est un travail de collaboration entre le thérapeute et le patient. Une fois en thérapie, il n'est pas toujours facile de persévérer. Quand ça devient difficile, vous aurez peut-être tendance à vouloir éviter vos rencontres en vous trouvant toutes sortes d'excuses : la distance, le manque de résultats à court terme, les coûts associés, le temps demandé, etc. Il n'est pas facile d'être confronté, mais une thérapie sert à cheminer et il faut faire face à ce qui vous ronge de l'intérieur. Cependant, un bon thérapeute saura vous accompagner dans vos doutes et fera preuve de bienveillance, en même temps qu'il vous aidera à prendre votre envol.

Mis à part la thérapie individuelle, vous pouvez aussi joindre un groupe d'entraide spécifique aux victimes d'agression sexuelle. Si vous avez tendance à vous isoler ou à vous sentir seul, faire partie d'un tel groupe vous donnerait un sentiment d'appartenance. Ces groupes permettent d'être écouté et entendu, d'être cru et d'avoir le sentiment d'être compris, car leurs membres partagent un vécu similaire. Même si l'histoire est différente, les émotions et la souffrance restent semblables. De plus, ces groupes donnent un espace sécuritaire pour vous confier. Par contre, les autres membres du groupe peuvent parfois vous confronter, ce qui peut générer de l'inconfort et des malaises, mais qui peut s'avérer en même temps bénéfique pour vous sortir de certaines impasses.

Finalement, vous devriez toujours avoir sous la main des numéros de téléphone de lignes d'écoute et de lignes d'urgence. Vous ne savez jamais quand vous pourriez avoir besoin d'une oreille attentive et compatissante. Les lignes d'écoute et d'entraide sont souvent ouvertes 24 heures sur 24, 7 jours sur 7. Ne sous-estimez pas le bien-être qu'elles peuvent vous apporter.

Prendre sa place au soleil

Finalement, pour vous protéger, il vous faut reprendre du pouvoir personnel. Cela se fait de différentes façons. Il vous faut bien connaître vos limites et les affirmer, sans crier ni dominer les autres, car alors ce n'est pas s'affirmer. S'affirmer, c'est aussi se respecter et s'aimer. Lorsque vous vous affirmez, vous n'écrasez personne, vous prenez la place qui vous revient, la vôtre. Vous laissez les autres libres d'être ce qu'ils sont, mais vous leur donnez des paramètres en ce qui concerne leurs actions et leurs paroles lorsqu'ils sont en interaction avec vous. Ils ne peuvent donc pas faire n'importe quoi ou dire tout ce qui leur passe par la tête en votre présence. Il vous sera plus facile d'exiger le respect des autres si vous vous respectez vous-même. N'oubliez jamais que vos actions parlent plus que vos paroles.

Pour reprendre le pouvoir sur votre vie, il vous faut avoir le contrôle dans votre vie personnelle pour commencer. Cela signifie décider de vos habitudes de vie et vous y tenir, le plus possible. Prenez des résolutions pour votre mieux-être. Fixez-vous des objectifs et travaillez à les accomplir. J'aime bien l'idée de mettre des Post-it un peu partout avec des mots clés qui ont un sens particulier pour vous. Ça peut aussi être une phrase qui vous motive, vous parle personnellement. Ça pourrait également être une image, une photo. Finalement, vous pourriez faire un tableau de visualisation, composé à la fois d'images, de photos, de mots clés, de courts textes qui résument là où vous voulez être. Assurez-vous de le mettre à la vue, afin de pouvoir régulièrement vous rappeler vos projets et objectifs. C'est le premier pas vers une réalisation de soi.

La reprise du contrôle sur votre vie passe en outre par vos relations interpersonnelles. Cela est un peu plus difficile, car l'autre a aussi son mot à dire. Néanmoins, vous avez le pouvoir de choisir les personnes que vous fréquentez, que ce soient des membres de votre famille, des amis ou des collègues. Vous décidez quelle attitude est acceptable ou non pour vous et vous vous affirmez en conséquence. Vous pouvez aussi rompre une relation si la personne se comporte de façon irrespectueuse ; vous méritez qu'on vous respecte ! Vous avez le droit d'exprimer vos attentes à l'égard des autres et de la relation que vous entretenez avec eux. Faites attention cependant que vos attentes ne soient pas trop élevées : personne n'est parfait et vous risquez de perdre des alliés précieux si vous vous montrez trop exigeant ou si vous manquez de souplesse. Par ailleurs, si vous tenez à une personne, il est de votre ressort de le lui dire et de déterminer avec elle quel avenir vous envisagez pour votre relation. Que ce soit dans une relation amicale ou amoureuse, aucune garantie n'est offerte et le risque de blesser ou d'être blessé existe toujours. Mais donner à la relation la chance d'évoluer en communiquant ses attentes et en pardonnant ce qui peut l'être permet aussi de voir grandir cette relation pour la rendre encore plus profonde.

Maintenant que vous êtes mieux outillé et que vous vous sentez plus confiant, il est temps de regarder droit devant... Avez-vous déjà remarqué que lorsqu'on conduit une auto, le rétroviseur est beaucoup plus petit que le pare-brise ? C'est un symbole assez intéressant quant à la façon de voir le monde. Ce qui nous sert à regarder derrière nous est plus petit que ce qui nous permet de regarder devant nous. Ce qui se passe derrière est donc moins important que ce qui se passe devant. Pour votre vie, c'est une belle métaphore.

Une nouvelle identité

Je vais peut-être vous surprendre en affirmant ce qui suit, mais je crois que l'abus a, en quelque sorte, contribué au développement de votre identité. Ne vous considérez plus comme une victime, ni même comme un survivant. Vous avez plus que survécu, vous avez vécu et puis vous avez vaincu. Vous avez vaincu vos démons intérieurs et quand vous goûterez enfin au bonheur, vous aurez vaincu votre agresseur. Vous ne vous sentez plus aussi vulnérable. Vous vous acceptez tel que vous êtes et vous vous respectez, car vous croyez que vous le méritez. Vous n'êtes pas parfait, mais qui l'est ? Vous comprenez mieux vos émotions et vos réactions. Elles ne sont pas qui vous êtes, mais font partie de ce que vous êtes. Vous avez cheminé : la colère et la peur ne vous tenaillent plus. Exprimez vos insatisfactions quand elles se présentent, puis cherchez des solutions. Les solutions ne sont pas toujours autour de vous. En fait, vous découvrirez qu'elles sont bien souvent en vous.

La nouvelle personne que vous êtes en train de devenir ne doit plus baisser les bras devant l'adversité. Chaque fois qu'un obstacle ou un défi se présente, dites-vous : « Je suis capable ! » Cela sonnera peut-être faux au début, mais, à la longue, vous y croirez et vous accumulerez les réussites. Vous serez fier de vos accomplissements et aurez encore davantage envie d'aller de l'avant.

Conclusion

Que l'on ait été victime d'agression sexuelle ou non, on se construit pendant toute une vie. Toute votre vie, vous aurez principalement un projet en cours : vous-même. Vous n'oublierez jamais ce que vous avez vécu, mais si vous aviez à écrire votre biographie, les abus subis ne seraient qu'un chapitre du grand livre de votre vie. Le chemin qui a été parcouru vous a amené à faire plusieurs changements qu'il convient de maintenir, même s'il peut être parfois tentant et sécurisant de retomber dans vos vieilles habitudes, comme de vous isoler dans des moments de tristesse plutôt que de parler à quelqu'un. Vous ne pourrez pas tout changer en même temps ; donc, il faut vous laisser du temps. Imaginez que vous escaladez une montagne. Si vous regardez uniquement le chemin qu'il vous reste à parcourir, vous risquez de ressentir du découragement. Permettez-vous un bref regard derrière pour admirer tout le chemin parcouru. Ensuite, reprenez votre bâton de pèlerin et remettez-vous en route.

Lorsque les choses vous semblent trop difficiles, je vous suggère de les prendre un jour à la fois. Si c'est trop, ça pourrait même être une heure à la fois. Par exemple, si vous tentez de sortir d'une dépendance affective et que vous brûlez d'envie d'appeler votre ex, respirez un bon coup et dites-vous : « Je ne l'appellerai pas pour la prochaine heure », puis occupez-vous à autre chose. Le temps passera et vous ne ressentirez peut-être plus cette urgence de lui parler avant quelques heures. Lorsque l'envie revient, donnez-vous le défi d'attendre une autre heure. Ce faisant, les heures deviendront des matinées, des après-midi et des soirées, puis des journées entières, puis des semaines et, bientôt, vous verrez que vous pouvez vivre sans cette personne.

Il est facile de se laisser contaminer par le négatif, car il y en a toujours autour de nous. Pour amorcer votre nouvelle vie, entourez-vous de positif. Trouvez-vous une passion, quelque chose qui vous fasse vibrer, que ce soit la lecture, le sport, une forme d'art, un jeu, etc. Commencez par réfléchir à vos intérêts, puis voyez ce que vous pourriez explorer plus à fond. Le but est que vous puissiez vous sentir bien même lorsque vous êtes seul, et en retirer des bénéfices, comme une concentration accrue, de nouvelles connaissances, un esprit plus calme, une plus grande motricité fine, etc.

Pour demeurer dans un esprit positif, je vous suggère également de mettre la pédale douce sur les nouvelles, ainsi que sur les émissions ou les chroniques où on dénonce des situations problématiques. Choisissez de vous concentrer sur les beaux côtés de la vie. Vous avez connu votre part d'ombre et de misère; laissez jaillir un peu la lumière. Pour vous y aider, vous pourriez d'ailleurs choisir une image positive que vous accrocheriez chez vous ou derrière le pare-soleil de votre voiture. Quand ça va moins bien, regardez cette image et prenez le temps de vous en imprégner. Ça peut être un paysage ou un souvenir de voyage, par exemple. Il serait préférable de ne pas utiliser l'image d'une personne, car les gens nous inspirent à la fois de bonnes et de moins bonnes émotions. Le but est que l'image ne vous inspire que du calme et du bonheur. Vous pouvez aussi pratiquer des techniques de visualisation, de méditation ou de yoga. Ces activités peuvent vous aider à développer la paix intérieure et, cela, personne ne pourra vous l'enlever.

C'est un pas à la fois que vous devez faire. Le seul fait de choisir de regarder vers l'avenir plutôt que derrière vous est un succès en soi. Fixez-vous un objectif, puis quand vous l'aurez atteint, établissez-en un autre. La guérison est un processus qui demande du temps et de l'investissement. Cependant, il ne faut pas que cela vous empêche de vivre. Vous pouvez avoir une vie tout à fait normale. Il n'est pas nécessaire d'oublier ou de pardonner pour y arriver, mais il est essentiel de lâcher prise sur le passé. Concentrez-vous sur vous et sur la vie que vous voulez avoir. La vie est belle, vous verrez.

Bibliographie

BASS, Ellen et Laura DAVIS. *Beginning to Heal: A First Book for Men and Women Who Were Sexually Abused as Children*, New York, Quill, 2003, 95 p.

BEAR, Zetta. *Good Practice in Counselling People Who Have Been Abused*, Londres et Bristol, Penn, 1998, 203 p.

BURKE DRAUCKER, Claire. *Counselling Survivors of Childhood Sexual Abuse*, Thousand Oaks, Sage, 2000, 167 p.

COHEN, Henri. *L'agression sexuelle: perspectives contemporaines*, Montréal, Le Méridien, 1991, 340 p.

COUSTANCEAU, Roland. *Les blessures de l'intimité*, Paris, Odile Jacob, 2010, 362 p.

DEETJENS, Marie-Chantal. *Agressions sexuelles: la résilience des survivants*, Montréal, Québec-Livres, 2013, 189 p.

DESMEULES, Mélanie. *Étude du phénomène de la victimisation secondaire à partir des interactions d'un couple où la conjointe a été victime d'exploitation sexuelle dans l'enfance*, Rapport d'activités, Montréal, Université du Québec à Montréal, 2000, 65 p.

FOA, Edna B. et Barbara OLASOV ROTHBAUM. *Traiter le traumatisme du viol: thérapie comportementale et cognitive des troubles de stress post-traumatique*, Paris, Dunod, 2012, 287 p.

FOA, Edna B. et Barbara OLASOV ROTHBAUM. *Revivre après un viol: comprendre son traumatisme, faire le point sur soi-même, s'engager dans le traitement : votre cahier d'accompagnement*, Paris, Dunod, 2012, 179 p.

Haines, Staci. *Healing Sex : A Mind-Body Approach to Healing Sexual Trauma*, San Francisco, Cleis Press, 2007, 267 p.

Haines, Staci. *The Survivor's Guide to Sex : How to Have an Empowered Sex Life After Child Sexual Abuse*, San Francisco, Cleis Press, 1999, 294 p.

Hall, Liz. *Surviving Child Sexual Abuse : A Handbook for Helping Women Challenge Their Past*, New York, Falmer Press, 1989, 288 p.

Hooper, Carol-Ann. *Mothers Surviving Child Sexual Abuse*, Londres, Tavistock, 1992, 200 p.

Jehu, D. et M. Gazan. « L'adaptation psychosociale des femmes victimes d'exploitation sexuelle dans l'enfance ou l'adolescence », *Canadian Journal of Community Mental Health*, vol. 2, n° 2, 1983.

Khouzam, C. *Effets d'une intervention éducative, incluant la méthode de relaxation progressive, sur la peur et l'anxiété des victimes d'agression sexuelle*, Rapport d'activités, Montréal, Université du Québec à Montréal, 1986.

Lafont, Jean-Louis. *Agressions sexuelles et secrets douloureux : transformer ces épreuves en point de départ*, Lyon, Première Partie, 2012, 178 p.

Lee, Sharice A. *The Survivor's Guide*, Thousand Oaks, Sage, 1995, 144 p.

Lew, Mike. *Victims No Longer : The Classic Guide For Men Recovering From Sexual Child Abuse*, New York, Quill, 2004, 421 p.

MacDonald, Kathy, Lambie, Ian et Les Simmonds. *Counseling for Sexual Abuse : A Therapist's Guide to Working With Adults, Children and Families*, Melbourne, Oxford University Press, 1995, 315 p.

Matsakis, Aphrodite. *The Rape Recovery Handbook : Step-by-Step Help for Survivors of Sexual Assault*, Oakland, New Harbinger, 2003, 188 p.

MENDEL, Matthew Parynik. *The Male Survivor: The Impact of Sexual Abuse*, Thousand Oaks, Sage, 1995, 239 p.

MORBOIS, Catherine et Marie-France CASALIS. *L'aide aux femmes victimes de viol: les conditions d'une aide psychologique adaptée*, Le Bouscat, L'Esprit du Temps, 2002, 131 p.

NAPIER-HEMY, John. *Les hommes qui ont été victimes de violence sexuelle durant l'enfance: guide à l'intention des hommes*, Vancouver, Centre national d'information sur la violence dans la famille, 2008, 17 p.

PAUZÉ, Robert et Jacques MERCIER (dir.). *Les agressions sexuelles à l'égard des enfants*, Montréal, Saint-Martin, 1994, 213 p.

SALTER, Anna C. *Transforming Trauma: A Guide to Understanding and Treating Adult Survivors of Child Sexual Abuse*, Thousand Oaks, Sage, 1995, 353 p.

THÉRIAULT, Chantal, CYR, Mireille et John WRIGHT. « Facteurs contextuels associés aux symptômes d'adolescentes victimes d'agression sexuelle intrafamiliale », dans *Child Abuse & Neglect*, vol. 27, nº 11, 2003, p. 1291-1309.

TOBIN, Rod. *Alone & Forgotten: The Sexually Abused Man*, Carp, Creative Bound, 1999, 91 p.

TRUDEL, Lina. *La perception du contrôle chez les survivantes d'abus sexuel*, Thèse de maîtrise en sexologie, Montréal, Université du Québec à Montréal, 1999, 104 p.

VILLENEUVE CYR, Mylène et Martine HÉBERT. « Analyse comparative des caractéristiques de l'agression sexuelle et des conséquences associées en fonction du sexe », *Service social*, vol. 57, nº 1, 2011, p. 15-30.

WHITE, Cheryl (dir.). *Ideas for Therapy With Sexual Abuse*, Adélaïde, Dulwich Centre Publications, 1990, 184 p.

WILKEN, Tom. *Rebuilding Your House of Self-Respect: Men Recovering in Group from Childhood Sexual Abuse*, Ottawa, Commoner's Publishing, 2003, 173 p.

Table des matières

Suivez-nous sur le Web

Consultez nos sites Internet et inscrivez-vous à l'infolettre pour rester informé en tout temps de nos publications et de nos concours en ligne. Et croisez aussi vos auteurs préférés et notre équipe sur nos blogues !

EDITIONS-HOMME.COM
EDITIONS-JOUR.COM
EDITIONS-PETITHOMME.COM
EDITIONS-LAGRIFFE.COM
RECTOVERSO-EDITEUR.COM
QUEBEC-LIVRES.COM
EDITIONS-LASEMAINE.COM

Imprimé chez Marquis Imprimeur inc.